京都に学ぶ
マーケティング

成田景堯　編著

五絃舎

はしがき

　京都という言葉から，金閣寺や八坂神社などの寺社仏閣，舞妓や八つ橋，あるいは"おきばりやす"などの京都弁を連想する人は多いであろう。また，京都で生産・提供される，あるいは京都という地名を冠する財やサービスには，きめ細やかな心遣い，精巧さ，職人技，日本的，といったイメージがある。この様に，地名が人々の心に響いて強く印象づけられているのは，京都がブランド化している証拠である。

　京都ブランドは，直接・間接的に用いられることで大きなメリットを多方面にもたらす。京都というブランドの構築，維持および拡大は，歴史の影響によるところが大きいと思われがちである。しかし，京都に関する財やサービスが，消費者の信頼を裏切ること無く，長年に渡って愛され続けてきたことが最大の理由であろう。

　本書では，京都ブランドを支える企業のマーケティング活動に注目する。本書の目的は，多様な題材を通して，学生や社会人を含むマーケティング初学者の基礎的な理解を深めることである。そのために各章では，基本概念を解説した後に事例を紹介する構成とした。

　本書の作成にあたり，出版趣旨に賛同頂き御協力下さった企業の方々や執筆者の先生方に心より感謝申し上げる。

　なお，執筆者の個性を尊重させて頂いたので，各章の執筆テーマや文章表現などが異なるが，あえて全体の統一を図る作業は行わなかった。従って，不備などがあれば編者の責任であり，今後の検討課題としたい。

最後に，本書の出版を快く引き受けて頂き，さまざまな支援を賜った五絃舎の長谷雅春社長，ならびに本書の企画と編集に多大な御協力を頂いた松井温文先生と今光俊介先生にも心より御礼を申し上げる。

2014年8月吉日

成田 景堯

執筆分担

岡山武史（おかやま たけし）……………………………第1章
伊部泰弘（いべ やすひろ）………………………………第2章
杉浦礼子（すぎうら れいこ）……………………………第3章
今光俊介（いまみつ しゅんすけ）………………………第4章
岡田一範（おかだ かずのり）……………………………第4章
金澤敦史（かなざわ あつし）……………………………第5章
成田景堯（なりた ひろあき）……………………第6章・第7章
菊池一夫（きくち かずお）………………………………第8章
松井温文（まつい あつふみ）……………………………第9章
河内俊樹（かわうち としき）……………………………第10章
片上　洋（かたかみ ひろし）……………………………第11章

目　次

第1章　京都ブランド ———————————————————— *13*
　第1節　注目される日本文化 ———————————————— *13*
　第2節　京都ブランド ——————————————————— *14*
　第3節　都市としてのブランド構築 – 行きたい街，住みたい街 京都 – — *15*
　第4節　京都ブランド構築の実践Ⅰ – 体験消費と京のおもてなし – — *17*
　第5節　京都ブランド構築の実践Ⅱ – 街づくりと商業 – ————— *19*
　第6節　京もの（商品）ブランドに学ぶマーケティング ————— *21*

第2章　老舗ブランド ———————————————————— *25*
　第1節　老舗とは何か ——————————————————— *25*
　第2節　ブランドの基礎的理解 ——————————————— *26*
　第3節　老舗ブランドのケース・スタディ – 宝酒造のブランド戦略 – — *29*
　第4節　まとめ – 老舗ブランドであり続けるには – ——————— *34*

第3章　市場競争力のある製品 ———————————————— *37*
　第1節　製品の概念と分類 ————————————————— *37*
　第2節　新製品開発 ———————————————————— *41*
　第3節　市場競争力を高める製品戦略 ———————————— *43*
　第4節　市場競争力のある製品戦略のケース ————————— *44*

第4章　製品ライフ・サイクルと製品の延命 ————————— *49*
　第1節　製品の寿命 ———————————————————— *49*
　第2節　製品ライフ・サイクル戦略 —————————————— *49*

第3節　製品改良と新用途開拓───────────────54
第4節　製品改良と新用途開拓による事例──────56

第5章　経験を訴求する製品・サービス──────61
第1節　「経験」による差別化─────────────61
第2節　経験価値マーケティング────────────64
第3節　経験価値を訴求するケース───────────67
第4節　まとめ──────────────────71

第6章　企業の価格政策────────────73
第1節　価格とは─────────────────73
第2節　3つの価格設定基準─────────────73
第3節　ケース（1）高田勝社による価格設定─────79
第4節　ケース（2）京都シルクグループによる価格設定──81

第7章　消費者の価格概念───────────85
第1節　消費者にとっての価格とは──────────85
第2節　参照価格─────────────────86
第3節　文脈効果─────────────────90
第4節　商品を判断する商品価格───────────93
第5節　ケース：京都における消費者──────────94

第8章　マーケティング・チャネルの選択─────97
第1節　マーケティング・チャネルの選択の重要性────97
第2節　マーケティング・チャネル戦略のフレームワーク──98
第3節　マーケティング・チャネルの選択に
　　　　影響を与える諸要因────────────101
第4節　マーケティング・チャネルの段階の数─────103

第5節　複数のマーケティング・チャネルの展開とそのケース——104
　　第6節　まとめ——————————————————————107

第9章　強力な流通経路戦略——————————————————109
　　第1節　商業の視点から捉える————————————————109
　　第2節　商業の機能——————————————————————110
　　第3節　商業機能を制限する商業者——————————————113
　　第4節　事　例————————————————————————115

第10章　マーケティング・コミュニケーションと
　　　　　　プロモーション戦略——————————————————119
　　第1節　コミュニケーションとマーケティングの関係性—————119
　　第2節　マーケティング戦略としての
　　　　　　コミュニケーション活動————————————————121
　　第3節　プロモーション戦略の具体的展開————————————123
　　第4節　ケース：黄桜株式会社のPR活動と
　　　　　　コミュニケーション活動————————————————128

第11章　丹後ちりめんの生成・発展とパブリシティ・CRM——131
　　第1節　プロモーション手段としてのパブリシティとCRM——131
　　第2節　丹後ちりめんの生成——————————————————133
　　第3節　丹後ちりめんのプロモーション————————————137

　　索　　引——————————————————————————143

京都に学ぶマーケティング

第1章　京都ブランド

第1節　注目される日本文化

　2013年は，わが国にとって大きな出来事があった年である。1つは和食文化がユネスコ世界文化遺産として登録されたことである。和食が世界的なブームとなり，和食の自然の食材を生かした調理，栄養バランス，四季の彩りなど多くの面で和食の素晴らしさが注目を集めてきた。海外でも，ニューヨークやパリでは主に日本食を取り扱う店や外食チェーンが軒を連ねる状態である。

　2013年の2つ目の大きな出来事として，2020年のオリンピック開催地に東京都が選ばれたことである。その中でも招致委員会のプレゼンテーションとして話題となり，その年の流行語にも選ばれた滝川クリステルさんの「おもてなし」である。彼女は冒頭で「おもてなし。それは，見返りを求めないホスピタリティの精神。それは先祖代々受け継がれながら，現代の日本の文化にも深く根付いています。おもてなしという言葉は，いかに日本人が互いに助けあい，お迎えするお客様のことを大切にするかを示しています」と説明した。こうした「和食」や「おもてなし」は日本が誇れる重要な文化の1つであり，古くから日本が育み，歴史文化として残されてきたものである。

　こうした我々内部者としての日本人が忘れていた大切な文化のルーツはどこにあるのだろうか。古都として1200年もの歴史を築いてきた京都を知ることによってこうした日本文化のルーツを探ることができるかもしれない。

　京都には，食（京料理）やおもてなしだけではなく，歴史ある寺社，城郭，工芸，織物，漆器，焼き物などの老舗など数百年の歴史を有する品々（京もの）が息づき，職人のこだわりや技が磨かれている。日本人は京都を訪れるとき，忘れ

ていた日本人としてのアイデンティティを再確認することができる。

　この章では，まず「京都」という名前に秘められたイメージや意味を紐解くことによって，京都ブランド，ブランドとしての京都を考える。次に，「都市ブランド」として京都を学ぶことによって，街づくりや企業のブランドづくりに生かせる知恵を学ぶ。さらに京都の老舗の商いを「ブランド」として解明することによって，ブランドづくりを学びたい。

第2節　京都ブランド

　市中には「京都」という名のつく商品やサービスが多くある。京野菜や京タンス，京懐石などである。京都の伝統野菜として京都府内で生産されたものが，現在ではブランド化されており，加茂なすや堀川ごぼう，九条ねぎなど地名が入れられたものが多い。現在では41種類が京野菜として認定されている。こうした野菜の多くは基本的には京都府内で消費されているが，他府県ではブランド野菜として取り扱われ，購入されている。「京」や「京都」という名前を商品やサービスにつけることは，売る側と買う側にとってのある種のメリットがあり，ネームバリューとして機能していることが見受けられる。京都ブランドとは何か？　小川孔輔の定義[1]を参考にすると「京都ブランドとは，みんなが京都に対して共通に信じている想いの体系，全体像」であり，かんたんに言うと，京都という言葉を聞いて，多くの人が「きっとこういうものである」と浮かべるイメージであり，必ずそうあってほしいという期待とその信頼が含まれている。

　京ブランドについて研究をしてきた辻幸恵らの研究[2]によると，「京」言葉，「京」野菜，「京」たんすなど，京という言葉を頭につけた名称にはある統一したイメージがあり，京言葉などには「上品」「やわらかい」「女性的」「やさしい」というイメージ。京野菜などには「特別」「おいしい」「高価格」「美しい」というイメージ。京たんすには「伝統」「工芸美」「貴重」「奥ゆかしい」というイメージがあることが示されている。これらは京都という都市やその風土の

一面を表しているのかもしれず，また京都の都市ブランドのイメージが，関連するさまざまなものに与えるイメージであるかもしれない。例えば，京言葉を話す女性は「上品」「やわらかい」「女性的」であるとか，京たんすが生み出された京都の町は「伝統」があり「美しくこだわりがあり」「奥ゆかしい」というイメージをもたれる可能性がある。ここから，京都ブランドとは単一のものではなく，例えば歴史建造物と歴史ヒストリー，文化，芸術，自然，食，企業，観光地，老舗企業，工芸品・特産品などの構成物から成り立っていると考えることができるだろう。これらの構成物が集まり，「京都ブランド」をつくっている。これらは企業でいうと，企業ブランド（コーポレート・ブランド）が企業で働いている人，商品，広告，歴史，企業文化などの多くの構成物によって成り立つイメージと重なる。こうした京都ブランドが都市としての場に，投影されたものが「都市ブランド」であり，これらは行きたい街，住みたい街へと場の価値を高める。

第3節　都市としてのブランド構築 −行きたい街，住みたい街 京都−

　京都には，毎年多くの人々が訪れ，日本の観光地としても人気がある。また，住みたい都市としても京都の都市イメージは非常に高く評価されている。こうした京都には千二百年の歴史があり，この歴史の洗練を受けて，京都の自然，町，文化，そして企業が続いてきた。ネットリサーチのGAIN社の首都圏（東京，千葉，埼玉，神奈川）における2000人を対象にした調査[3]では，対象者に都市のイメージを自由に想起してもらうために，日本国内の都市で自由に行ってみたい都市を想起させたところ，都市で最も多く想起されたのは京都であった。特に女性のほうがより多く想起し，20代と50代，60代以上が比較的多く想起していたという結果であった。また行ってみたい，あるいは体験してみたい都市を自由にあげてもらったところ，最も多くの人があげたのは京都であり，次いで札幌，沖縄が回答された。さらに行ってみたいだけでなく，住んでみたい都市として高いのは沖縄と京都であった。近年，地域ブランドや都市ブランドといっ

た土地や場所をブランド化する議論が盛んになっている[4]。和田充夫は地域ブランドとは「買いたいものがあるまち，訪れ滞在したいまち，交流したいまち，住みたいまち」であるとし，地域ブランドの最終的な目的とは，観光客が訪れるだけではなく，地域に関わる人々が地域に誇りと愛着，アイデンティティをもてるようになることであるという[5]。京都という都市は，すでに京野菜をはじめとする特産品や工芸品などの他地域の人々が買いたいものがある場所であるだけでなく，人々が行ってみたい，体験してみたい，住んでみたいと思うような魅力をもつ都市として全国有数の力をもっている。これも京都府・京都市を始めとする産官学の連携の取り組み，および京都の人々が誇りをもって地域のブランドづくりに協力していることからの産物である。

　こうした京都という地からにじみ出す「京都ブランド」は，多くのもの，例えば歴史ある寺社，城などの建造物，町屋などの風景，織物，漆器，焼き物といった工芸品などの品々からもつくられるとともに，こうした形あるものに対してブランドが信用や風格，アイデンティティを与え続けている。第6節でも触れるが昨今多くの商品が大量に製造され，ブランドの本来の機能としてのほかの商品と差別化するという機能が果たしにくくなっている状況で，「京」というイメージは群を抜くものをもっている。ここから学びたいのは，消費者は京都で作られた漆器，焼き物といった工芸品を買っているだけでなく，そのものをつくった人，由来，ストーリーや歴史などを買っているということである。また，京都というイメージに込められた風情や文化・歴史，自然，人，風習や儀式といったものが投影されたものとして商品や体験を見ている。こうしたことを京都ができるのは，当然京都という街が1200年の歴史をもち，そこで多くの人が行き交い，居住し，歴史の舞台となっていたことであり，多くの文化が戦火を免れて現在でも修復を繰り返して残っていることなど，多くの観光資源・文化資源をもっているためである。しかし，こうした資源をつくるのは人である。京都が創り出す体験消費づくりの発想と，「おもてなし」の心についてみてみることにしよう。

第4節　京都ブランド構築の実践Ⅰ −体験消費と京のおもてなし−

1. 体験消費としての京都

　京都に訪れる外国人が最も行くことが多いのが京都の東山にある清水寺であり，ユネスコ世界遺産としても登録されている。清水寺への参道には「清水坂」「三年坂」「二年坂」などがあり，多くの商店や土産物店で賑わっており，多くの観光客が行き交う。途中，二年坂と三年坂の継ぎ目のあたりを通ると，嘉祥窯（かしょうがま）という1914年の創業から四代に渡って，茶道具や器を創作している窯元がある。ここでは，清水に訪れた観光客に実際に清水焼をつくり体験を提供している。プロによる指導やサポートを受けながら自分だけのオリジナルの清水焼づくりが体験できる。工房の建物はもちろん町屋づくりであるが，工房の窓ガラスからは体験者が清水焼をつくっている風景が工房の外を歩く人がみえるようにつくられている。坂を歩く人の興味をそそる。

　清水寺の敷地に着くと，まずみられるのは日本人らしい色合いを強調する朱色の仁王門と鐘楼である。これらを通り，西門，三重塔，鐘楼，経堂，田村堂，朝倉堂などを経て本堂へ続く。国宝である本道は清水の舞台と名高く，京都の景色が一望でき，京都の町並みや京都駅，京都タワーなどが見える。その奥には音羽の滝がある。興味深いのは，訪れる外国人の多くが，日本の作法に従いながら左手，右手を清め，口をすすぐという儀式を行うという体験を，長い列に順序よく並んで行っていることだ。こうした作法に従うということも，文化体験には重要となる。

　次に，清水寺に行くと，興味深い体験ができる場所が随求堂（ずいぐどう）の「胎内めぐり」である。衆の願いを，叶えてくれるという大功徳をもつ大随求菩薩（だいずいぐぼさつ）を本尊に，堂内には大聖歓喜天（だいしょうかんきてん）や粟島明神（あわしまみょうじん）など縁結び，安産，子育ての神仏が祀られている。「胎内めぐり」体験は，随求堂のお堂の下を大随求菩薩の胎内に見立て，胎内めぐりをする。お堂の地下の前後左右の暗闇の道を，壁に巡らされた数珠の手す

りを頼りに進み，菩薩を象徴する梵字（ハラ）が刻まれた随求石を廻し，深く祈り，再び暗闇の中をたどってお堂の上に戻ってくるという。そうすれば心が生まれ変わり，自身のルネサンスを体感できるのだ。海外から来た旅行者にも大変エキサイティングな体験ができる場であるようだ。

2. 「おもてなし」のルーツとしての京都

　京都のある旅館の女将は，よりよいおもてなしのあり方を考える中で，ある古い資料に出会った。『旅館サービス讀本』という京都市観光課が昭和13年に発行したもので，旅館におけるサービスの心得が事細かに書かれていた。現代でも通用する精神的な部分に関する記述も多く，京都は昔から「おもてなし」の重要性をきちんと理解し，育んできたものだと改めて感心した。「精神的サービスについては，性質上一定の限界を伴わないものであるから，その向上進歩のために一段の努力と研鑽が考慮されねばならない」とも書かれており，女将は人に接する際の基本とすべき心構えとして「相手を大切に思う心と，相手の気持ちを察すること」を出発点としているという[6]。

　また，この『旅館サービス讀本』には外国人へのおもてなしのあり方についても記されている。現在，京都商工会議所および京都市，京都市観光協会では，外国の人においしい京都の味を気軽に体験してもらうために「京都おもてなし翻訳メニュー」のサービスを行っており，飲食店は会員登録をするだけで英字のメニューを手に入れることができる。これらには料理に使われている食材についても翻訳がなされているため，外国人にとって，料理の味を想像しやすくしている[7]。

　京都人の風習をみると，日本人が当たり前にして見過ごしてきたことを思い出させてくれる。茶の湯や一期一会の精神が育まれたこの地域では，身分を問わず相手をもてなすための心配り，美意識が文化として高められていった。これらは作法や教養として現代にも受け継がれている。また相手をおもてなししたいという精神からは，相手がただのどが渇いているのか，冬の寒空を歩いてきたため温まりたいのか，夏の暑い日の折に涼みを求めているのか，ゆっくり

と癒される空間を求めているのかを相手の気持ちや状況を「察する」ということが根付いた。これはマーケティングを学ぶ者の基本的な立ち位置として重要な事柄である。マーケターとは，顧客や関係者がどのようにしてほしいのか，そのために自分はどのようにしたらいいのかを状況に応じて察して実行することが大切だからだ。

　京都人は，一時的で表面的な関係ではなく，世代へ続く人付き合いを大切にしてきた。京都の花街にみられる「一見さんお断り」には，究極のおもてなしを創造しようとする仕組みがある。お茶屋には調理場や台所はあっても料理人はいない。出される料理はその道のプロである「仕出し」に依頼し，その日の人数やメンバーの好みに合わせて用意し，台所で調理してもらう。季節に合わせた品や，ご贔屓に合わせた献立などそのおももてなしは大変凝ったものだ。これらは長年のお茶屋と仕出し屋との信頼関係が成しえるものである。またお茶屋の女将は，客の予約の承り，座敷，仕出し，器の選択などすべてをとりしきり究極のおもてなしのプロデューサーでもある。女将はご贔屓を満足させるおもてなしを総合的に演出するために，相手のことを良く知り，察している。相手を極限までもてなしたい，そのためには相手のことを良く知っていることが重要である。ここに「一見さんお断り」のしきたりがつくられてきたのだ。

第5節　京都ブランド構築の実践Ⅱ －街づくりと商業－

　京都の街を歩いていると，焼き物，漆器，帆布，日本刀を販売する歴史ある工房や商店が町屋づくりで多くみられ，旅行者を釘付けにしている。また着物などのレンタルをして実際に京都の風情のある旅行気分を味わう旅行者もみられる。しかしこれらは，京都に訪れる旅行者の視点であって，京都に在住する居住者の視点から見た街はどのようなものであろうか。商業と住民の視点がみてみよう。

　京都商工会議所は，ご当地検定のさきがけの「京都検定」の開始を始め，京都の都市格づくりに力を入れてきた。2005年には京都ブランド推進連絡協議会を設立，京都府・京都市を挙げて都市格づくりを目指す。同年京都迎賓館を

開館。2006年には，京都ブランド商標推進協議会が設立された。京都ブランド推進連絡協議会では，情報共有・発信事業として「京都ブランドフォーラム」の開催，日本国内または世界に向けて京都ブランドのイメージアップや京都の都市格向上に著しく貢献している個人，法人，団体及びその商品や技術，サービス等を顕彰する「京都創造者大賞」を設けた。またグローバル展開事業として，「京都ブランドグローバル展開助成金」の実施・運営しており，京都の文化・芸術・産業等の海外展開事業等を支援することで，京都ブランド・都市格の向上と京都創造者大賞の候補者掘り起こしを目指している。こうした取り組みによって，古きよき良いものを残すだけでなく，京都の地で誇りをもって活躍できる切れ味と風格のある中小企業や商店，飲食店を育成している。

これらの一方で，京都に住む人の視点である。京都市では，昭和50年の文化財保護法改正により，伝統的建造物群保存地区制度が創設され，特別保全修景地区に指定していた産寧坂地区と祇園新橋地区をこの伝統的建造物群保存地区に指定するとともに，嵯峨鳥居本地区と上賀茂地区を指定に加えた。これらの地区では，建造物は厳しい基準・様式に従って修理・保存を行い，また伝統的な様式でない建造物については，基準・様式の修正を図り，地域の特色を守っている。祇園の町を歩くと，町屋づくりの建物と灯篭の明かり，派手な看板は控え，色合いの統一がなされており，特に花見小路など祇園町南側では電線が地中に埋められ，歴史的な京都の風情ある町並みに触れることができる。また，

写真1-1　京都の町屋（祇園）　　写真1-2　京都の町屋（西陣）

出所）著者撮影。

オフィス街である烏丸御池通りにしても，それほどコンビニやスーパーや飲食店が乱立しておらず，多くの建物や看板がある一定の基準に従った建築と色合いにされており，京都の町並みの統一感をつくっている。路地に入ると，伝統的な町屋があり，その中には現代的なカフェや飲食店などもある。こうした一見非合理的・非現代的にもみられる街づくりを許容する街の居住者は，京都人としてのアイデンティティと誇りと，京都の歴史ある伝統や町並みを愛する心をもち，街づくりに協力している。こうしたことからも都市ブランドは都市に住む人々による協力が非常に重要であり，そのためには都市に住む者としてのアイデンティティを高めることが大切であることが理解できる。

第6節　京もの（商品）ブランドに学ぶマーケティング

高度成長期から，大量製品された商品が市場に流通するようになり，使い捨て商品が多く現れた。また，1980年代から製品の品種が拡大し，さまざまな機能性商品が販売されるようになった。その反面，長年使い続けられ，愛される商品の生産についてスポットが当たることは少なかった。人々に長年使い続けられ，愛される商品について，ギルモアとパインⅡ世は真の本物を提供する企業が少なくなっていることを指摘し，「ほんもの」の重要性を強調する[8]。

こうした「ほんもの」として認識されるものとして，京都には多くの工芸品，織物，漆器，焼き物，彫り物などが伝統的につくられており，これらは現在でも生活への実用性と，日常の彩りを兼ね備えた，モダンを取り入れることによって生き続けている。こうした品々は手間隙をかけたものづくりや職人のこだわりや現代にもマッチするセンス，鍛え抜かれた技巧が合わさって形作られる。

京都の老舗企業の長年の歴史の洗練に耐えた経営を見ると古くて新しいマーケティングの形が浮かび上がる。現在のようにものが溢れ，ものが売れなくなる中で，人々はより上質のものを求めるようになっている。京都には「ほんもの」を提供する老舗が多くある。こうした老舗のマーケティングを今学ぶことは大変意義が深い。老舗企業にとっては，質の悪いマーケティングは自らの首

を絞めることになる。それは消費者に提供するものを「ほんもの」であると認識することを疑う余地をつくりだす[9]。最後に老舗企業から，古くて新しい老舗のマーケティングを学び，従来のマーケティングとの違いを認識する。老舗ブランドの経営については続く第2章で詳しく学ぶ。

マーケティングを学ぶ者がまず暗記させられるものがSTPや4P[10]といった類のものだ。こうしたマーケティングの基礎は高度経済成長期に生まれ，製品の大量生産と大量流通・販売に適した手法として確立された。しかし現代のより良い質を求める市場に対応できる戦略としてはそぐわない側面もでてきた。多くのメーカー企業が多額の費用を広告や販促に費やしているが，明確なイメージ作りや差別化に苦慮している状況もその1つである。

伝統的なマーケティングに相対する古くて新しい老舗のマーケティングについて，4Pの枠組みに合わせて整理するならば，①最高で卓越した製品，②高価格，③流通チャネルは抑えた直営店舗中心の販売（チャネルの分離），④製品広告よりも老舗文化の広告・広報を中心にする夢を売るコミュニケーション，となるが，もちろんこうした便宜上の4Pに収まらない部分もある。

① 卓越した製品の提供

卓越とは，並ならぬ程度のことである。老舗では製品の品質や感性にこだわりをもつ企業が多い。京都創業で約500年の歴史をもつ虎屋は，高級和菓子として群を抜く老舗企業であり厳選した最良の原材料を使った高品質の和菓子の提供を掲げている。小豆は北海道産，白小豆は群馬・茨城の農家に委託している。羊羹の材料となる糸寒天は岐阜県恵那市や長野県の伊那市で作られる。和三盆糖は江戸時代以来の伝統を守る徳島県板野郡の精糖所に特注して作らせている。黒糖は沖縄県西表島から地元産のサトウキビを原料にした最高品質のものを調達している。天候不順で小豆の値段が通常の三倍に高騰した年もあったが，外国産を使わず国内産にこだわった。あくまでも製品の完璧さ，卓越性を目指す[11]。

② 高価格戦略

老舗の多くは製品を高価格で提供している。これには2つの意味合いがある。製品への飽くなき追求を可能にさせる余地をつくること。そして真の老舗ブランドの価値を理解する者を惹き付けることである。伝統的なマーケティングでは新製品の導入時にできるだけ消費者が買いやすい価格設定をする。導入時の低価格は，ブランドの価値および世界観を保証することを妨げ，入手可能性を高めることにより，どこにでもある製品にしてしまう（コモディティ化）。これらは次のチャネルやコミュニケーションにも通じることである。

③ 限定的なチャネルと売り場・接客の重視

老舗企業の販売に共通することは，主に直営店による販売に限定して，出店をできるだけ抑えていること，そして売り場と接客を非常に重視していることである。

老舗企業は直営店を中心に販売し，むやみに店舗網を広げることはしない。多くが手作りによるこだわりをもち，そのこだわりをもつ品の製造量と注文量が合わせられる範囲で出店している。またブランドのこだわりや世界観が製品の形として維持できる範囲で製造量を調整している。機械製造や職人の手伝いを増やせばより効率化できるのであろうが，それよりも質とこだわりを取っている。多くの製造業が大量生産品を低価格で販売するために，海外に製造拠点を移転していることはこれに相対することとして映る。京都の老舗は京都の土地や風土と密接に繋がっており，その土地の文化や伝統という空気を吸った製品が「ほんもの」として認識し得る製品になる。

同時に，老舗が取り扱う高価格の製品の価値を納得するはじめのポイントが店舗であり，その店づくりや接客は顧客の感情や認識に大きな影響を与える。また再度来店してみたいと思わせるためにも店舗が大きな役割を担っている。顧客に老舗の製品の価値を直接伝えることができる数少ない場であるからだ。

④ 夢を売るコミュニケーション

　京都を訪れる人や京都を好む外国人は，京都に対する夢やあこがれをもっている。これは老舗の製品にも言えることである。多くの製造業は製品の売りや他との違いを説明することでいっぱいになっているが，京都の老舗は京都の文化，老舗の伝統，職人の技と芸といった夢を売るコミュニケーションをしている。そこには興味や関心の薄い者への排他性も存在するが，ファンの心をより掻き立てる。夢やあこがれは企業が伝説や物語という形で守り続け，生み出し，発信し続けなければならない。

　老舗企業は，主に広報活動を中心にしており，企業の文化やライフスタイルといったものを提案する形の広報および文化広告を多く活用する。逆にある特定の製品に集中した製品広告やプロモーションはほとんどなされない。マスメディアを利用することも稀である。

　こうした老舗に学ぶ古くて新しいマーケティングは現代のモノが溢れる時代に合致した，価値を生み出すマーケティングの形であるかもしれず，京都から次の新しい時代のマーケティングを学ぶことができるのだ。

注

1) 小川孔輔「京都ブランドの成り立ち－都市としてのブランド形成の歴史的な変遷と今－」『イノベーション・マネジメント』NO.5, 2008 年, 1-21 頁。
2) 辻幸恵『京に学ぶ』アスカ文化出版, 2007 年, 14 頁。
3) 株式会社 GAIN『首都圏居住者における全国都市ブランド力調査報告書』2006 年。
4) 陶山計介，妹尾俊之『大阪ブランド・ルネッサンス』ミネルヴァ書房, 2006 年。
5) 和田充夫，電通 abic project『地域ブランドマネジメント』有斐閣, 2009 年。
6) 京都商工会議所 京都ブランド推進特別委員会『京都の都市格を考える』2006 年, 58 頁。
7) 同前, 79 頁。
8) Gilmore, J. H. & B. J. Pine II (2007) *Authenticity: What Consumers Really Want*, Boston, MA: Harvard Business School Press., 2007. (林正訳『ほんもの』東洋経済新報社, 2009 年)。
9) マーケティングがまやかしであるとか，嘘つきであるという認識があるとすれば，こうしたマーケティングの質の低下に原因があるのかもしれない。
10) マーケティングの基本として, product（製品）, price（価格）, place（流通チャネル）, promotion（販売促進）としてマーケティング・ミックス戦略として体系付けられた。
11) 黒川光博『虎屋 和菓子と歩んだ五百年』新潮社。

第2章　老舗ブランド

第1節　老舗とは何か

　老舗とは，どのような企業を指すのであろうか。おそらく読者のイメージは，「由緒ある」「古い」「伝統」「格式」「歴史ある」等であろうか。このように，老舗といっても多種多様なとらえ方があり，一様ではない。また，老舗という言葉はどの程度の年月を示すのか，さらにどのような業種や業界でも言えることなのかといったことも明確に定まってはいない。私たち庶民の感覚では，「長い間」や「当該業界を最初に創った企業」など曖昧にとらえられることが多い。

　また，守屋によると「老舗企業（以下，老舗と略す）は，経営の成功として肯定的に評価されることがしばしばである。老舗は，通常，単に創業以来の長い歴史を有しているだけではなく「のれん」を有している企業としてとらえられる」としている[1]。つまり，企業は，老舗と呼ばれることによって事業に成功しているととらえられる。また，老舗は，「のれん」と密接な関係もある。「のれん」とは，物理的には，企業や店舗の入り口にかけられた布製のもののことである。特に，「のれん」には，屋号や家訓といったその企業や店舗の象徴を表したものが描かれている。また，のれんの役割には，企業や店舗が営業していることを知らせたり，入口から中が見えないようにし，中にいる顧客への配慮がなされるものとしても利用されている[2]。

　また，「のれん」には，物理的意味合い以外にも「のれん代」という無形資産としての金銭的価値がある。のれん代とは，企業が買収される場合，買収される側の時価純資産額から買収価額を差し引いた残額のことである。また，その金を「ブランド価値資産」として表現することもある。

老舗は，また，長い間歴史を有していることからもわかるとおり，歴史と伝統が老舗である所以でもある。その歴史と伝統の中においても，それに甘んじる事なく常にイノベーション（変革）を起こし続ける事が必要であり，伝統と革新が老舗には不可欠であるといえる。

第2節　ブランドの基礎的理解

1.　ブランドとブランディング

　ブランドは，品種，等級，銘柄，商標などと訳される。品種であれば，「コシヒカリ」「あきたこまち」など米の品種を，等級であれば，A5ランク，A4ランクなどといった「牛肉」の等級を，銘柄であれば「越乃寒梅」「久保田」といった日本酒の銘柄を指す。また，商標とは，商品やサービスを表すマーク（標章）であり，特許庁に登録されると，そのマークを独占的に使用する権利を有し，商標法で保護されるものである。このようにブランドは，さまざまな用語で置き換えられ，それぞれ違う意味を包含した概念である。

　また，ブランドとは，AMA（アメリカ・マーケティング協会）の定義によると「ある売り手の商品やサービスを他の売り手のそれらと区別して見分けるためのネーム，言葉，デザイン，シンボル，あるいは，その他の特徴」[3]（筆者訳）ととらえられる。つまり，ブランドは，自社の商品・サービスと競合他社のそれらを区別するために消費者の五感（視覚，聴覚，触覚，味覚，嗅覚）でとらえられるようにネーム，言葉，デザイン，シンボル，あるいはその他の特徴（それらをブランド要素ともいう）に置き換えられ表現されているといえる。

　また，そのブランドが，ブランド要素を利用して，消費者に「価値あるブランド」として認識してもらい，ブランド・ロイヤルティ（ブランド忠誠心）の向上を目指すすべての活動を「ブランディング」という。そのブランディングについて，ケラーは「ブランディングにとっての鍵は，ある製品カテゴリー内で消費者が知覚するブランド間の差異である。」[4]と述べている。つまり，ブランディングは，ブランド間の違いを明確に消費者に知覚させる活動である。

2. ブランドの役割

　ブランドは，付与されることによりどんな役割があるのだろうか。筆者は，9つの視点からとらえる[5]。

　第1は，出所が明らかになる事による責任所在の明確化である。これは，ブランドを付ける事で誰が当該ブランドの責任を負うのかが明確になる。逆にいえば，ブランドが付されていなければ，責任の所在が明らかにならないため，責任所在の明確化はブランドにとって大きな役割を果たすことになる。

　第2は，同じブランドが付されていれば，付されたブランドすべてが同じ品質を保証する役割がある。サントリーの緑茶飲料である「伊右衛門」を例にあげると，サントリーは「伊右衛門」と付された商品すべてが同じ品質である事を保証しており，品質保証の観点からもブランドが重要な役割を果たす。昨今，食品偽装や賞味期限の偽装問題が取り沙汰されているが，それらは，ブランドの役割から考えても，起こしてはいけない事であり，そのような問題が起きればブランドの信用は一気に失墜してしまう。

　第3は，同一製品カテゴリーにおける競合他社との製品差別化を容易に出来る役割がある。先程の例で言うならば，サントリーの「伊右衛門」は，伊藤園の「おーいお茶」とは明確に差別化された「緑茶飲料」であり，消費者は，「伊右衛門」を「伊右衛門」と認識しており，決して，「伊右衛門」を「おーいお茶」と認識することはない。

　第4は，消費者にブランドを指名買いしてもらいことによるブランド・ロイヤルティを確保できる役割がある。企業は，収益を確保するためには，新規に顧客を獲得するか，指名買いをしてもらい，当該ブランドを買い続けてもらう顧客を確保する以外にない。つまり，ブランドが付されることにより，顧客に当該ブランドのファンになってもらい，愛顧を引き出すことが可能となる。

　第5は，ブランドは，先述のとおり，商標法で保護される役割がある。例えば，日清の「ラ王」というブランドは，日清が独占的に使用できる権利があり，商標法で保護されている。

　第6は，企業はブランドを通じて消費者に当該ブランドの「安全性」を伝え

ると共に消費者は，ブランドを通じて「安心感」や「信頼感」を得られるというようにブランドが媒介となり，企業と消費者を繋ぐコミュニケーション・ツールとしての役割がある。また，ブランドは，企業と消費者との約束や絆の象徴であるともいえる。

第7は，ブランドは，消費者にとって当該ブランドがもつイメージと自己表現とを結び付ける意味付けとしての役割がある。具体的には，グッチやシャネルなどの高級ブランド（ラグジュアリー・ブランド）を身に付けることによって，ブランドがもつ「高級感」と消費者自身に「高級感」や「価値の高い人間」というイメージとを結び付けることができる。つまり，ステイタスとしての役割があり，「グッチャー」や「シャネラー」に代表される現象からも見て取れる。また，ブランドは，消費者を当該ブランドがもつ「世界観」に共感させることが可能であり，「ファン」や「フリーク」を形成しやすくする効果がある。

第8は，ブランドが付与されていることで，消費者にとって先述した「指名買い」が出来るため，他のブランドを選ぶためのコストを節約できる，つまり，購買選択時の時間的コストを削減できるといった役割がある。つまり，ビールでいえば，好みが「一番搾り」であれば，ビールのカテゴリーの中で「一番搾り」だけを選択すればよく，「スーパードライ」や他のビールを選択肢から除外できるため，選択するための時間的コストの削減が可能となる。

最後は，資産評価としての役割がある。ブランドには，資産価値があり，その価値は，金額として表すことが可能である。そのため，ブランドは，売買の対象となりうる。例えば，インターブランド社が行った"JAPAN'S BEST GLOBAL BRANDS 2014"によると，日本企業で最もブランド価値の高いブランドは，「トヨタ」であり，そのブランド価値は，35,346百万ドル（前年比17%増）であるとしている[6]。つまり，トヨタは，トヨタというブランドを所有しているだけで35,346百万ドルの価値があるといえる。

3. 老舗ブランドの特質

先述したブランドとブランディングの意味やブランドの役割を踏まえ，老舗

ブランドについて考えてみたい。老舗ブランドとは，単純に考えれば，「老舗であるブランド」あるいは「老舗にふさわしいブランド」ということになろう。

では，「老舗であるブランド」や「老舗にふさわしいブランド」とはどのような特質のあるブランドいえるのであろうか。次の2点から考えてみたい。

まず，老舗ブランドは，老舗が指し示す通り，「歴史がある」あるいは「伝統がある」ブランドであることが特質として挙げられる。つまり，誕生して間もなかったり，伝統のないブランドは，老舗ブランドとはいえない。

次に，老舗は，先述のとおり，のれんという意味合いをもつ。特に，ここでは，のれんの物理的側面よりも，無形資産としての金銭的資産に注目したい。ブランドには，資産評価の役割があることは，先述したが，老舗そのものにも，ブランドと同様の資産価値が存在する。つまり，老舗という言葉のなかには，資産価値が高いといった意味合いも含まれている。

したがって，本章において，老舗ブランドとは，「歴史や伝統があり，資産価値が高いブランド」ととらえることにする。そこで次節以降，京都の老舗ブランドとして「宝酒造」を取り上げ，特に，清酒「松竹梅」のブランド戦略から「老舗ブランド」であり続ける方法について考えてみたい。

第3節　老舗ブランドのケース・スタディ －宝酒造のブランド戦略－

1.　宝酒造の概要 ―「焼酎」と「清酒」を中心に―

宝酒造の起源は，江戸時代の後期である，1842年，四方（よも）家四代目の卯之助が，京都・伏見で酒造業を興し，清酒等の製造を開始した時とされている。その後，清酒の製造の中断があったものの，1864年頃，五代目卯之助によって酒粕を原料とする「粕取焼酎」の製造が開始されたと推定されている。特に，個人商店であった宝酒造が「焼酎メーカー」へと飛躍したきっかけは，1905年に四方合名会社を設立し，翌年社長に就任した四方卯三郎が，1912年に「新式焼酎」[7]の関東での販売権を獲得し，「寶」の名で販売した事にある。その後，大宮庫吉を招聘し，1916年10月に「新式焼酎」である「寶焼

酎」の自社製造・販売を行い，大正から昭和初期の激動期において当ブランドを中心に生き抜いていくことになる。また，1925年に寶酒造株式会社を設立し，初代社長には，四方卯三郎が就任した。太平洋戦争後，焼酎が全酒類のなかで最も消費されたにもかかわらず，粗悪な密造酒によってそのイメージは低下していくことになる。このイメージ回復のため，「タカラエース」「チューロック」「レッドタカラ」などの新製品開発によって試行錯誤を繰り返し，1977年に宝焼酎「純」にたどり着くこととなった。世界的潮流の「白色革命（ホワイトレボリューション）」の流れに乗り，「純」は宝酒造を代表する焼酎ブランドとなるとともに，日本の焼酎市場をけん引した。その後，（旧）甲類市場に，宝焼酎「レジェンド」（1989年），焼酎「ZIPANG」（2001年），長期貯蔵焼酎「秘密の扉」（2005年）と次々に新製品を誕生させた。また，（旧）乙類市場にも米焼酎「よかいち」（1994年）をはじめ，芋焼酎「一刻者」（2001年），しそ焼酎「若紫ノ君」（2004年）など新ブランドを立ち上げ，日本を代表する「焼酎メーカー」へと飛躍した[8]。

一方，清酒分野については，大きく飛躍するきっかけは，灘の銘酒であった清酒「松竹梅」の製造・販売を手掛ける事になったことからであった。もともと「松竹梅」は，灘の酒造家，井上信次郎が醸造しており，昭和初期に2ℓで5円もする高級酒であった。ところが，井上家の経営不振により，大宮庫吉に救済を求め，1933年寶酒造㈱は，松竹梅酒造㈱を設立して，経営に参画することになる。その際，濃厚な酒質の見直しや壜（ビン）詰め以外にも樽詰め，壷詰めなど容器の変更，販売方法の見直しを行った。なかでも東京・大阪をはじめ全国主要都市数十か所に酒場「松竹梅の酒蔵」を開設し，一杯45銭で「松竹梅」を味わえるようにするなど値段の手軽さと雰囲気の良さが功を奏し，サラリーマン憧れの店となった。やがて，日本が戦時下になると，国内での清酒造りが困難になり，清酒の生産を中断し，アルコールの製造に転じた。戦後，松竹梅酒造は，独占禁止法により，寶酒造系列から独立したが，「松竹梅」の商標は寶酒造が取得し，生産を再開した。1961年には，「松竹梅」は，清酒ブランドとして一本化し，清酒製造所も1964年には9か所に拡大した。さら

に，1957年から進めてきたビール事業（「タカラビール」）からの撤退（1967年）を機に，清酒事業の拡大を図り，「松竹梅」の製造・販売は大きく飛躍していった。宝酒造は，焼酎と清酒を中心事業に据え，ソフトアルコール飲料事業「タカラcanチューハイ」(1984年以降，シリーズ化)，調味料事業「タカラ本みりん」，飲料・機能性食品事業「TaKaRaバービカン」(1986年，ノンアルコール飲料)，「カルシウムパーラー」(1991年)，酒精（エチルアルコール）事業，バイオ事業（2002年分社化によりタカラバイオ株式会社へ）といった形で多角化やマルチ・ブランド化を押し進めている。また，海外へのグローバル展開も積極的に推進しており，アメリカや中国などに現地法人を設立し，生産と販売拠点の拡大を図っている。また，2002年には，会社分割により純粋持ち株会社へ移行し，「宝ホールディングス株式会社」へ改称するとともに新たに，「宝酒造株式会社」が設立している[9]。

　宝ホールディングスの連結業績は，2013年3月期において，売上高200,989百万円（前年比+1.2％），営業利益9,133百万円（前年比-1.4％），経常利益9,296百万円（前年比-3.3％），当期純利益4,687百万円（前年比+17.3％）となっている。また，宝酒造グループにおける主要事業である焼酎の売上高は，70,499百万円（前年比-4.0％），清酒は21,737百万円（前年比+3.7％）となっており，焼酎事業の落ち込みを清酒事業で補っていることが窺える[10]。

2. チャレンジャー企業としての「松竹梅」のブランド戦略

　日本酒の銘柄別出荷量とシェアについてみてみると，2010年においては，宝酒造の「松竹梅」は，45,819klでシェア7.8％であった。これは，白鶴酒造の「白鶴」(59,710kl, 10.1％)，月桂冠の「月桂冠」(50,329kl, 8.5％) についで第3位に位置していた[11]。つまり，宝酒造は，日本酒のカテゴリーでは，リーダー企業ではなく，「三番手」というチャレンジャー企業であった。しかし，2012年において，日本国内出荷量ではあるが，宝酒造は，昨年比6％増の48,830klとなり，月桂冠は42,800kl程度と初めて月桂冠を上回り，白鶴酒造に次いで2位となった。国内出荷量増加の背景には，「松竹梅」ブランド

の業務用やパウチパック入りの商品が好調だった[12]こともあるが、①市場の均質化による地方の日本酒銘柄（ローカル・ブランド）の弱体化、②提案力の向上、③コスト競争力の強化の3点が大きく影響している[13]。

また、「松竹梅」のブランド戦略の特徴として、「慶祝市場」の特化と「松竹梅」ブランドの拡張（サブブランド展開）の2点から考えてみる。

まず、「慶祝市場」の特化では、業務用や家庭用で多くのシェアを取っていた「白鶴」や「月桂冠」との差別化が必要であったことが一因となっている。「松竹梅」ブランドは、戦前から酒銘の縁起の良さと高級イメージから高級酒として定着しており、めでたい席で重宝されてきたという実績から「慶祝市場」に特化したブランド戦略を推進した。つまり、マーケット・セグメンテーション（市場細分化）戦略によって業務用や家庭用を捨て、慶祝などの贈答市場に特化することで需要創造を図る戦略が採られたのである。この作戦は「CHARM（チャーム）作戦」[14]と呼ばれた。また、「CHARM作戦」により開発されたのが、行楽市場をターゲットとした「松竹梅＜たけ＞」であった。当時、行楽など外出時に飲まれる「カップ酒」は、1964年に発売された「ワンカップ大関」が主流であったが、ガラス容器の為、重く、割れる危険性もあった。そこで、清酒プロジェクトチームは、「軽くて割れない」を目標に、開発に1年以上も掛け、1968年9月に「松竹梅＜たけ＞」を発売した。デザインには商品名どおり「竹型」を使用し、「心はずむ行楽の友に」をキャッチフレーズしたことも需要喚起に貢献し、1969年の日本パッケージコンテストで包装アイデア賞を受賞するなどヒット商品になった。また、慶びの清酒「松竹梅」の広告戦略も他社との差別化を図った。当時、清酒の広告は、和服の似合う女性を起用していたが、これまでのイメージを一新するため、男性タレントを起用した。それが、当時国民的スターであった「石原裕次郎」のCM起用であった。「裕次郎効果」は、CMに起用された1970年から1987年の間に「松竹梅」のシェアは、10位から6位に上昇するなど絶大なものとなり、裕次郎が「松竹梅の顔」となり、「CHARM作戦」を進化させた「慶祝（よろこび）路線」が欠かせないものとなった[15]。

写真 2-1　松竹梅ラインナップ
（左から，松竹梅白壁蔵 澪，松竹梅 天 パウチパック・紙パック，上撰松竹梅）

出所）筆者撮影（2014 年 3 月 26 日本社にて）

　次に，「松竹梅」ブランドの拡張（サブブランド展開）では，多様化する市場への対応として，高品質な日本酒造りとソフトパックの新規市場への展開を果たしていくことになる。前者は，2001 年に松竹梅灘工場を「松竹梅白壁蔵」とリニューアルすることで対応した。2002 年に最初の商品「松竹梅白壁蔵＜純米大吟醸＞アンティークボトル」を発売した[16]。また，2011 年に日本酒離れに歯止めを掛け，若者や女性に気軽に日本酒を楽しんでもらう目的で「松竹梅白壁蔵 澪」という新たなお酒を発売した。このお酒は，スパークリング清酒という発泡性のお酒であり，ほどよい酸味とほんのり甘い味わいの新感覚の日本酒であり，アルコール度数も 5％と低アルコール化の流れの中で開発されたお酒である。また，"澪"[17]というネーミングも新感覚さを裏付ける要素となっている[18]。後者は，晩酌ユーザーへの対応として，「コクとキレ」のある日本酒を低価格で販売するために，コクのあるコハク酸を多く含む酵母とキレ味の良い「蔵付き半兵衛酵母」を合わせた「二段酵母仕込」という新たな製法で作られた「松竹梅 天」を発売した。また，容器も紙パックだけでなく，パ

ウチパックを導入し，収納の効率化やゴミ減量を考えたパッケージ戦略を行っている[19]。

つまり，「松竹梅」のブランド戦略は，「松竹梅」というマスター（親）ブランドのブランド資産を活かし，「澪」や「天」といったサブ（子）ブランド形成を行う事で，ブランド拡張を行い，多様化する消費者ニーズに対応している。

3. 宝酒造の新たな取り組み・課題

宝酒造の新たな取り組みとしては，新製品開発や飲酒シーンの提案による新付加価値創りがある。宝酒造では，清酒の需要の拡大や酒質の向上によって「食中酒」（料理を食べながら飲む酒）としての清酒と製法にこだわりをもつ特定名称酒としての清酒に注目し，江戸時代から受け継がれた伝統製法である「生酛（きもと）造り」の「松竹梅「白壁蔵」＜生酛純米＞」を2008年に発売している[20]。これによって，お酒単品での販売ではなく，さまざまな「料理に合うお酒」の提案を行い，新たな価値創造を構築している。さらに，先述した新感覚のスパークリング清酒である「松竹梅白壁蔵 澪」などの新製品開発も新たな清酒需要を開拓している。

また，宝酒造の課題としては，清酒に関しては，慶祝市場から業務市場や晩酌市場への進出に際して，小売店・量販店といった既存のチャネル以外に，インターネット通販の拡大や宅配といったサービスを展開できるような新たなチャネルの構築が課題となってくるであろう。焼酎についても同様に新チャネルの開拓や既存の「チュウハイ」市場の深堀りなど飲酒シーンの新たな提案といった飲料メーカーとしてのさらなる付加価値の創造が課題となろう[21]。

第4節　まとめ －老舗ブランドであり続けるには－

老舗ブランドは，先述のとおり「歴史や伝統があり，資産価値が高いブランド」であるため，ブランド価値を如何に維持し続けるかが課題となる。宝酒造では，清酒，焼酎，料理酒，機能飲料，ソフトドリンクなど飲料メーカーとし

て多角化していくなかで，老舗ブランドとしての確固たる地位を築いてきた。

　そこには，歴史・伝統に甘んじることなく，常にイノベーション（変革）が求められる。つまり，老舗ブランドであり続けるには，変化対応はもちろんのこと，変化を作りだす事も必要である。また，宝酒造では，清酒でいえば，「松竹梅」という歴史と伝統のあるブランドを守るために，常に時代の変化に対応し，慶祝市場に特化させ差別化していくことはもとより，これまでの日本酒の常識にとらわれない「スパークリング清酒」といった新たな日本酒に挑戦しており，それは，変化を生み出しているといっても良いのではないか。

　つまり，老舗ブランドには，「歴史・伝統」と「イノベーション（変革）」が必要であり，そのどちらが欠けても「老舗ブランド」にはなれないだろう。

謝　辞

　本章執筆に際し，宝酒造株式会社環境広報部広報課専門課長山田和宏様に大変貴重なお話を伺った。ここに改めてお礼申し上げる次第である。

注

1) 守屋晴雄「老舗における経営革新についての一考察：呉竹の商品に着目して」『龍谷大学経営学論集』53（1），2013年9月，50頁。
2) 前川洋一郎・末包厚喜編著『老舗学の教科書』同友館，2011年，47頁。
3) Dictionary-America Marketing Assoc., https://www.ama.org/resources/Pages/Dictionary.aspx?dLetter=B&dLetter=B（2014年3月23日アクセス）
4) K.L. ケラー著, 恩蔵直人・亀井昭宏訳『戦略的ブランド・マネジメント』東急エージェンシー，2000年，47頁。
5) 拙稿「ブランディング」宮澤永光・城田吉孝・江尻行男編著『現代マーケティング　その基礎と展開』ナカニシヤ出版，2009年，134頁。
6) Interbrand Best Japan Brands 2014 Global Brands, http://www.interbrand.com/ja/best-global-brands/region-country/2014/best-japan-brands/best-japan-brands-2014-global-rankings.aspx（2014年4月20日アクセス）
7) 新式焼酎とは，芋を原料としたアルコールに加水し，粕取焼酎をブレンドした焼酎である。愛媛県宇和島の日本酒精㈱が開発した焼酎であり，当時は「ハイカラ焼酎」

とも呼ばれ，（旧）甲類焼酎の原型となっている。宝ホールディングス株式会社環境広報部編『宝ホールディングス80周年記念誌』宝ホールディングス株式会社, 2006年, 12頁。
8) 同上書, 10-23頁。
9) 同上書, 24-28頁, 36-37頁, 44-45頁, 52-53頁, 60-61頁, 66-67頁, 129頁。
10) 宝ホールディンス株式会社 平成25年3月期決算短信 http://ir.takara.co.jp/ja/Library_index/BriefAnnouncement/BriefAnnouncementPar/07/TwoDownPar/02/document_1/1303_4Q_tanshin.pdf（2014年3月30日アクセス）による。
11) 日刊経済通信社調査出版部『酒類食品産業の生産・販売シェア―需給の動向と価格変動―（2011年度版）』日刊経済通信社, 88頁。
12) 記事「宝酒造，月桂冠を超え，2位12年の日本酒国内出荷量」日本経済新聞電子版2013年1月24日, http://www.nikkei.com/article/DGXNASDD240J0_U3A120C1TJ1000/（2014年2月27日アクセス）
13) 筆者が，2014年3月26日に，宝酒造株式会社本社にて，同社環境広報部広報課専門課長山田和宏様に行ったインタビューによる。
14) CHARMとは, Celebration：祝事, Happiness：幸福, Auspiciousness：めでたさ, Rejoice：よろこび, Merriment：陽気の頭文字を取ったものである。宝ホールディングス株式会社環境広報部編, 前掲書, 31頁。
15) 同上書, 30-31頁。
16) 同上書, 32頁。
17)「澪」には,「浅瀬の水の流れ」や「船の通ったあとにできる泡の跡」という意味があり,「浅さ」を低アルコール, 泡の跡を発泡性に例えている。また, イタリア語で"MIO"は,「私の」を意味しており, 清酒にあまり馴染みのない人にも「私のお酒」として楽しんでもらいたいという願いが込められている。ニュースリリース「松竹梅白壁蔵「澪」スパークリング清酒新発売」2011年6月7日, http://www.takarashuzo.co.jp/news/2011/11-i-001.htm（2014年4月6日アクセス）
18) 同上記事による。
19) 宝ホールディングス株式会社環境広報部編, 前掲書, 33頁。前掲インタビューによる。
20) 記事「メーカーの価値創造によるブランディング戦略実践スタディ 宝酒造の「松竹梅『白壁蔵』」」『価値創造者』(Vol.282) 2008年11月, オフィス2020新社, 131頁。
21) 前掲インタビューによる。

第3章 市場競争力のある製品

第1節 製品の概念と分類

　本章と第4章, 第5章では, 企業が目標達成に向けて統制可能要素を組み合わせるマーケティング・ミックスのひとつ, 製品戦略について学ぶ。自社の標的市場に適合する製品を開発する製品戦略は, マーケティング・ミックスの核となる。競合する他社製品との差別化をはかり, 市場競争力のある製品を市場に投入するために, ニーズに適合し, かつ付加価値を創造する製品開発がなされている。事業継続が前提（ゴーイング・コンサーン）となる企業は売上および利益の維持・拡大が必須であるため, 買い替え需要を喚起させたり, 次章で取りあげる製品の延命化を図ったりすることも重要な製品戦略である。

1. 製品概念

　製品とは, 企業が顧客に提供する価値のことであり, 家や車など目に見えて手に取ることができる有形財だけではなく, サービスやアイデアなどの無形財, そして人物も製品といえる。例えば, 志望する企業に就職するために企業分析をして求められている知識やスキル, 人物像を把握し, 就職活動までにスキルアップすることは, まさに標的企業のニーズに適合する自分づくり, つまり製品開発であるといえる。

　コトラーは『マーケティング・マネジメント』の中で, 製品の概念は「注目され, 取得され, あるいは使用されることを意図して市場に提供されうるものすべてのことをいう。その製品には, 物的対象, サービス, 人物, 場所, 組織, そしてアイデアが含まれる」としている[1]。また, 『マーケティング原理』の中で,

市場競争力のある製品を提供するために製品を3つの構造に分け価値構造を明確にする「製品の3層モデル」を示している。

製品の3層モデルは，顧客のニーズに対応する中核的な便益（ベネフィット）を「中核部分」として，これを「実態部分（品質やネーミング，パッケージ，ブランドなど）」が，さらに「付随部分（保証や取り付け・アフターサービスなど）」が取り囲む構造となっている。つまり，中核的な便益のみを捉えるのではなく，製品が顧客にもたす価値を一つの束「便益の束」として総括的に捉えることが市場競争力のある製品を市場に投入するために重要となる。

便益の概念をわかりやすく表現した代表例にレビットが『マーケティング発想法』のなかで紹介した「顧客はドリルが欲しくてドリルを買うのではない。顧客はドリルそのものではなく，『穴』が欲しいのだ」，資生堂名誉会長の福原義春氏が発言した「お客さまは化粧品を買うのではなく，『きれいになること』を買うのだ」などがある。

2. 製品の分類

多くの製品が溢れている今，他社製品と差別化を図り市場競争力のある製品を開発するためには製品分類と市場におけるポジションを明確にし，顧客にどのような価値を提供すべきか戦略的に考えることが大切となる。製品を分類することにより，分類ごとに共通するマーケティング・ミックスを展開しやすくなるからである。

ここでは，製品の物理的特性によるものと使用目的によるものを説明する。

①物理的特性による製品分類

製品を物理的な特性で分類すると，「耐久財」「非耐久財」「サービス」に分けられる。耐久財とは，テレビや冷蔵庫，パソコンなど長きにわたり繰り返し使用される有形財である。使用期間が長いため，品質保証やアフターサービスに対する需要が生まれる可能性が高いため付随部分での差別化も重要となる。同時に，品質保証やアフターサービスに対応する販売管理費を確保できるよう，高い粗利益率を意識した製品開発も求められる。非耐久財とは，食料品や日用

品など消耗する有形財である。非耐久財は初回購入だけではなく反復購入に繋がる製品開発が求められる。サービスとは，エステやレジャーなど無形財である。製品提供の場が消費の場となるため，顧客に提供された製品は返品や交換ができないため信頼が重要となる。

②使用目的による製品分類

製品分類を提示したコープランドは『マーチャンダイジングの原理』で，「生産財」「消費財」に分けている。

生産財は，これらを使用して再生産・再販売することで利益を得ることを動機として購入される製品で大量購入される傾向があるが，顧客の視点に基づき，装置，付属設備，補助材料，組み立て素材・部品，原料に分類している。

消費財は，購入者が最終消費者であり個人の満足を満たすことを動機として購入される製品であるが，顧客の購買習慣に基づき，「最寄品」「買回品」「専門品」に分けられている。

最寄品は，食料品や日用品など購買頻度が高く，顧客が時間や手間を省き最小の努力で購買される製品である。消費期間が短いために価格が低い傾向が強い。このような特徴を有する最寄品には，製品の購買機会と場を拡大するチャネル戦略や欠品させないサプライチェーンの強化などが重要となる。

買回品は，家電製品や衣料品など最寄品に比べて購買頻度が少なく顧客が自身の嗜好や価格などを基準に時間と労力をかけて購買される製品である。競合製品と差別化を図り製品情報を顧客に提供するために，人的販売によるコミュニケーションで選好度を高めたり，試用させて購入に繋げたりすることなどが重要となる。

専門品は，宝飾品や骨とう品など購買頻度が非常に低く顧客が特別な努力を払って購買される製品である。消費期間が長く高額である傾向が強く，固有の特性やブランド価値を有しているものが多い。専門品の購買を高めるためには，ブランドイメージや価格を高く維持する仕組みの構築などが重要となる。

以上の分類に加えて，顧客が認知していないもの，積極的に興味を抱かないために探索されにくい製品は「非探索品」に分類される。顧客に特定の条件が

揃った時に非探索品に対する欲求は生まれるため，広告宣伝に時間と費用を費やす必要がある。

3. ブランドの分類

　製品はブランド（商標）の所有，対象，市場などに基づいてさまざまな分類がされているが，ここではブランド所有に基づく分類を説明する。

①ナショナルブランド（NB）

　ナショナルブランドは，メーカーがブランドを所有している製品のことで，ワコールの下着「Wing」や任天堂のゲーム機「Wii」などである。ナショナルブランドを所有する主な目的には顧客に対して品質が保証しやすいこと，プロモーション活動により全国的な高いブランド認知を期待できること，生産部門を持つ強みを活かし新製品開発により市場優位性を得ることができることなどがある。

②プライベートブランド（PB）

　プライベートブランドは，卸売業者や小売業者がブランドを所有している製品のことで，セブン＆アイ・ホールディングスの「セブンプレミアム」やイオンの「トップバリュ」などである。生産ラインを有しない卸売業者や小売業者が所有するブランドであるため，ナショナルブランドより後発で市場に製品を投入する場合が多いが，後発である利を活かし低価格戦略で市場優位性を得ている事例が多い。

③ジェネリックブランド

　ジェネリックブランドは，法的に定められた事柄と一般的な名称だけを記しブランド（商標）をつけていない製品のことで，ノーブランドともいわれる。砂糖やクッキーなど一般的な名称のみが表示されたジェネリックブランドは最寄品に多くみられたが，現在では買回品でも多くみられる。超高齢社会に突入している日本では，行政が抱える医療費負担を軽くするために後発であるが故に低価格で製造できるジェネリックブランドが注目され，ジェネリック医薬品の市場が拡大している。

第2節　新製品開発

　企業が存続・成長するためには，顕在化している顧客の需要を満たす新製品開発，潜在化しているニーズを満たす新製品開発により市場での競争力を高め利益を上げる政策が求められる。ここでは，既存製品と新製品との関連性により区分される新製品の分類と新製品開発のプロセスについて説明する。

1.　新製品政策の分類

　新製品は既存製品との位置付けの相違により，①製品改良による新製品政策，②新用途開発による新製品政策，③既存製品を代替する新製品政策，④新規需要を喚起する新製品政策，に区分できる。製品改良による新製品政策は，既存製品に一定の需要が期待される場合，市場での競争力を維持する目的で製品改良を行う政策でモデルチェンジなどが該当する。新用途開発による新製品政策は，既存製品に新たなターゲットや用途を創造する製品政策で，乳児向けの離乳食を要介護者向けの介護食として用途を広げ高齢者市場を開拓する事例などが該当する。既存製品を代替する新製品政策は，既存製品を改良しても市場での競争力を維持することが困難な場合，代替製品を開発することで既存製品が満たしていたニーズを満たす政策である。新規需要を喚起する新製品政策は，対象となる既存製品が存在せず新たな市場や潜在ニーズを満たす新製品を開発し市場に投入する政策である。オムロンの体脂肪計「カラダスキャン」は，健康ブームの環境下で新規需要を喚起した新製品開発の成功事例である。

2.　新製品開発プロセス

　製品が衰退期を迎え市場から姿を消すまでに新製品を開発し市場に投入する必要がある。しかし，成長期を迎えることなく姿を消す製品は多い。市場競争力を有し長きにわたり企業に利益をもたらす新製品を開発できるか否かは企業の存続・成長に大きく影響する。新製品開発の成功可能性を高めるためには，

体系化した新製品開発の戦略が重要となる。

主な新製品開発プロセスは次のとおりである。

①アイデアの創造

新製品開発はアイデアの創造からはじまる。質の高いアイデアを創造するためには事前に市場調査により多くの情報を収集する必要がある。

②アイデアのスクリーニング（評価・選別）

創造されたアイデアを経営理念や事業戦略，実現可能性，市場性などの観点から評価し選別して絞り込む。

③製品コンセプトの開発

顧客購買意欲を刺激する動機や標的市場における価値などの製品コンセプトを明確化する。

④マーケティング戦略の検討

明確化した製品コンセプトに基づいたマーケティング戦略を検討する。

⑤事業性の評価

スクリーニングしたアイデアに対して，定性的評価と定量的評価を行うことで採算性を分析して事業性を検討する。定量的評価には，顧客分析（Customer analysis），競合分析（Competitor analysis），自社分析（Company analysis）があり，それぞれ頭文字をとり3C分析と呼ばれる。

⑥新製品の開発

新製品の試作品を製作する。試作品を使ってモニターの反応を確認しながら物理的側面・心理的側面から比較検討することで最終的に市場に受け入れられると判断できる製品に絞り込む。

⑦テスト・マーケティング

失敗を未然に防ぐため製品と他のマーケティング・ミックスを実際の使用・販売状況に近い状態にすることで，顧客の受容性テストを実施する。テスト・マーケティングで得た情報を新製品開発に反映させ最終調整に入る。

⑧市場導入

最終調整がなされ，成功が見込まれると判断した新製品のみを市場に導入す

る。市場を取り巻く環境や競合他社の動向などに注意を払い，市場に導入するタイミングを見極めることが重要である。

第3節　市場競争力を高める製品戦略

　競合他社と大きな差異を有しない製品を扱う企業のなかには，価格を引き下げる価格戦略に陥り企業業績を圧迫させている数は少なくはない。市場競争力を高め需要を喚起することで利益を維持・拡大する製品戦略に製品差別化戦略，計画的陳腐化戦略がある。

1.　製品差別化戦略

　製品差別化戦略とは，競合他社の製品と比べて大きな差異を有しない製品に，顧客に訴求し購買意欲を刺激する特徴をもたせて競合製品との差異を明確にすることで市場競争力を高める戦略である。

　製品差別化戦略において，顧客の購買意欲を刺激する効果が期待される主な訴求点は，次のとおりである。

①物理的差異－品質，性能，機能，素材，構造など
②イメージ差異－ブランド，ネーミング，パッケージなど
③サービス差異－保証，アフターサービス，取り付け，配送など

2.　計画的陳腐化戦略

　陳腐化とは，顧客心理や技術の向上などさまざまな環境変化により価値が減少することであるが，新製品開発により市場に導入する際に，意図的に旧製品が陳腐化するように計画することを計画的陳腐化戦略という。多くの市場が成熟化している現代において新規需要を掘り起こすことは困難であるため，買い替え需要を喚起するために，計画的に製品寿命を短縮させる戦略である。

　計画的陳腐化戦略には，次の切り口から進められるものがある。

①機能的陳腐化

　品質や機能を新しくした製品を市場に投入することで，物理的には継続使用が可能であっても従来製品の品質や機能を陳腐化させて，買い替え需要をおこす。携帯電話への新機能追加やパソコンのOSアップデートなどが該当する。

②心理的陳腐化

　品質や機能には大きな変化はないが，スタイルやデザインを定期的に替えることに新製品に対する需要を喚起する。自動車のモデルチェンジや食料品などにみられる期間限定パッケージの販売などが該当する。

③物理的陳腐化

　製品の耐久性をあらかじめ低くして一定期間で破損させ買い替えを促す手法で，パンティーストッキングなどが該当する。

　計画的陳腐化は，大量生産・大量消費をマーケティング・コンセプトとしていた時代には多く用いられた戦略であったが，環境へ配慮し持続可能な循環型社会を目指すマーケティング・コンセプトが主流となった近年においては批判的な意見もあり論議されている。一方で，計画的に陳腐化することにより従来製品が安価で市場に出回るため入手可能となる顧客の裾野が広がる効果，機能や性能面での企業間競争を加速させることで技術の進歩や生活の質の向上速度が速まる効果があると指摘されている。

第4節　市場競争力のある製品戦略のケース

　これまでは製品概念，製品分類，新製品開発のプロセスおよびその戦略について説明したが，本節では市場競争力のある製品を市場に投入するための製品戦略を展開している男前豆腐店株式会社のケースを紹介する。

　男前豆腐店株式会社は，伊藤信吾現取締役社長が2005年3月に京都府南丹市に創業した豆腐を中心とする製造・販売企業である。主力商品の豆腐の市場は，特売品として店頭に並べられる機会が多いうえに，プライベートブランドが加わったことで一層過酷な価格競争が展開されている。このような市場環境

下，あえて高級豆腐を開発し1日3,000～4,000パック売れればヒットとされる豆腐市場で12万パックを売り上げた実績を有している。

　市場競争力のある製品開発戦略の一つに，標的とするターゲットの見直しによる差別化があげられる。多くの豆腐は年齢が高く健康志向が高い層をターゲットにしたものが多いが，同社はソーシャルメディアを活用する20代から30代の若年者層をメインターゲットとしたことで潜在的市場を顕在化した。メインターゲットに対する市場調査を徹底し，豆腐の購入が控えられる理由の一つに大豆特有の青臭さがあることを突き止め，青臭さを消して濃厚でクリーミー，そしてデザート感覚でも食べることができる甘い豆腐の開発を目指し実現したことで，他社製品との味・品質の差異を顧客に明確に訴えた。

　甘い豆腐を顧客に提供するため，原材料である大豆やにがりの産地や品質にこだわったり，独自の製法で青臭さを取り除いたり，精度の高い豆乳を開発したりすることで品質改良に取り組んだ。また，小さな釜を使用することで味のムラを極力減らす工夫をするなど製造機械や製造工程を見直すことで，顧客に支持される甘い豆腐の製品化に成功した。

　男前豆腐店が注目される要因に，顧客に強いインパクトを与えるネーミングとデザイン性の高いパッケージがあげられる。写真3-1で紹介した「風に吹かれて豆腐屋ジョニー」，会社名でもある「男前豆腐」のほかにも，茶大豆を原料にしているため茶色くなっている豆腐「Johnny　Brown」，非常に濃くとろけるような豆乳「豆乳ロケンロール」をはじめ，ひと際目を引くネーミングがなされた製品ばかりであることも特徴である。

　パッケージも「風に吹かれて豆腐屋ジョニー」ではサーフボード型にすることでネーミングとパッケージのイメージを一致させている。パッケージはインパクトを与えることだけに拘っておらず，顧客に提供する味・品質のさらなる向上も目指している。表面フィルムに「水もしたたるいいトーフ」と記されている「男前豆腐」のパッケージを側面からみると二重底構造になっていることがわかる。豆腐を布で包み，このパッケージに入れ密閉し，常に平らに形状を保ち出荷・運送・販売することで可能な限り豆腐の水を抜き続けることを可能

にする工夫が施されている。長い時間をかけて水をしたたらせることで顧客が求める濃厚で甘い味を生み出す仕掛けになっているのである。「水もしたたるいいトーフ」はパッケージの特徴を表現しているが、「水もしたたるいい男」にかけていることから「男前豆腐」とネーミングする一貫したこだわりとアイデアも製品の魅力を高めている。

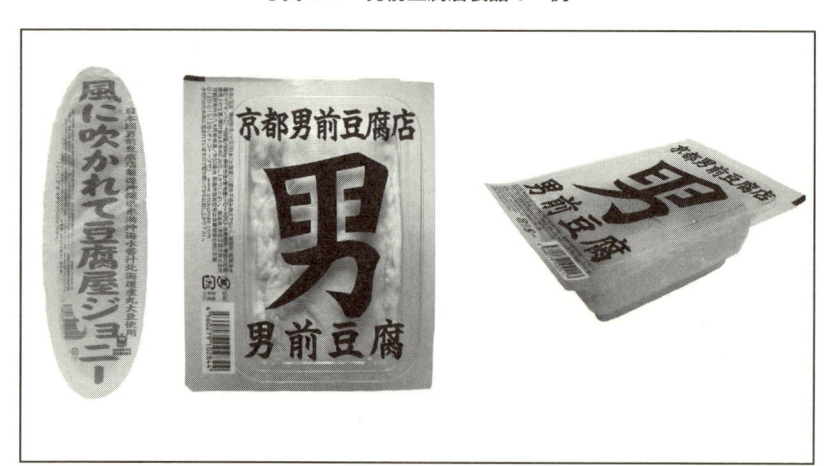

写真 3-1　男前豆腐店製品の一例

出所）男前豆腐店株式会社。

　男前豆腐店が豆腐市場において市場競争力を高めることに繋がった製品戦略は、ターゲットを見直すことで潜在市場を開拓したこと、ターゲットのニーズを満たす製品を開発するために原材料や製造工程を徹底して見直して製品品質の改良にこだわったこと、ネーミングやパッケージなどを機能的で個性的にしたことなどがあげられる。顧客に食品の機能性を訴えるだけではなく楽しさの提供も含めた感性にも訴えることで、他社製品との差別化を実現している。その結果、男前豆腐店の豆腐製品を 100g あたりの金額に換算して他社製品と比較すると 1.5 倍〜3 倍の価格帯で市場に流通させている。市場競争力の高い製品を開発することで業界全体が巻き込まれていた低価格競争の渦から脱却することができたケースである。

注

1）Kotler,Philip, *MARKETING MANEGEMENT:Analysis,planning,and control*, Prentice-Hall,inc.,1976, p.287.（稲川和男・浦郷義郎・宮沢永光共訳『マーケティング・マネジネント　機会分析と製品戦略』東海大学出版会，1979 年）。

参考文献

1) McCarthy, E.J., *Basic Marketing*, D. Irwin, Inc.,1960.（浦郷義郎・粟屋義純『ベーシック・マーケティング』東京教学社，1978 年）。
2) Copeland,M.T.,*Principles of Merchandising*,1924.
3) Kotler,Philip, *Marketing Management : Millennium Edition*,Tenth Edition,Prentice-Hall, Inc, 2000.（恩蔵直人監修・月谷真紀訳『コトラーのマーケティング・マネジメント』ピアソンエデュケーション，2004 年）。
4) Kotler, Philip, Gary Armstrong, *Principles of Marketing*, Ninth Edition, Prentice-Hall, Inc., 2001.（和田充夫『マーケティング原理第 9 版―基礎理論から実践戦略まで』ダイヤモンド社，2003 年）。
5) Levitt, T., 土岐坤訳『マーケティング発想法』ダイヤモンド社，1971 年。
6) 伊藤信吾『風に吹かれて豆腐屋ジョニー　実録男前豆腐店ストーリー』講談社，2006 年。

第4章　製品ライフ・サイクルと製品の延命

第1節　製品の寿命

　前章では製品の分類，製品差別化戦略，製品陳腐化戦略を述べた。本章では，製品の市場導入から撤退に至るまでの過程を示す製品ライフ・サイクル(Product Life Cycle)を説明し，延命策としての用途開拓について述べる。

　人間と同様に，製品にも寿命がある。小売店で売られている商品は定番となって長期間販売され続けているものもあるが，ほとんどの場合は導入後間もなく店頭から姿を消す。それは，消費者ニーズの変化や代替製品の登場など，市場環境の変化が背景にあるためだ。

　製品の売上高や利潤の低下は避けることができない問題である。経営者やマーケティング担当者は，自社製品が市場から淘汰されないように製品改良や用途開拓を行う必要がある。それにより新たな需要が創造されれば，製品の延命策となる。

第2節　製品ライフ・サイクル戦略

　製品が市場に受け入れられるための必須条件は，品質，機能，パッケージ，ラベル，ブランドなどが消費者ニーズと適合していることである[1]。本節では，製品ライフ・サイクルの各段階において必要とされるマーケティング・ミックスを時系列的な側面から捉え，そこで必要な戦略について述べる。

1. 新製品の開発

　製品戦略の中心的課題は，どのような新製品を開発して管理するかである。新製品の範囲は幅広く，これまで市場に存在しなかった独創的な新製品，既存製品を改良した新製品，技術改良を伴わない新用途の発見による新製品，競合他社を模倣した新製品などが挙げられる[2]。

　企業が新製品を開発することは以下の理由から重要である。

①製品ラインに新しい製品を加えることによる販売および収益の増加のため。

②製品ミックス強化による競争力増強のため。

③製品ライフ・サイクル上からの老朽対策および市場の要求と欲求変化対応のため。

④技術的資産維持および技術水準向上のため。

⑤将来市場対応，および将来競争優位性確保のため。

　企業の重要な使命に新製品を開発して市場に導入することがある。かつての企業は，それまでに存在しなかった新規性の高い製品，つまり本質的な意味での新製品を市場に導入することが可能であった。しかし，新技術を用いての開発や生産には多額の投資が必要となり大きなリスクも伴うので，デザインやカラーなどの副次的要素が変更されただけの形式的な新製品の開発と販売に重点を置かざるを得ない。このような形式的な新製品であるほど，マーケティング活動がより重要性を帯びる[3]。

　一般的に市場に導入された製品は成長，成熟，衰退のプロセスをたどるとされており，これが製品ライフ・サイクルと呼ばれる。そこでの重要な意思決定に，代替製品の開発とそれを導入するタイミングがある。新製品を導入するタイミングはそれぞれがもつ性質により大きく異なる。関連製品を導入する場合は早い段階が望ましいが，代替製品となれば既存製品の需要や売上の伸びが鈍化してきたときのほうが望ましくなる。また，自社が取り扱う製品群，すなわちプロダクト・ラインの拡張を狙ってすべてのニーズを満たすような品揃えを目指すフル・ライン政策を採択するのか，逆に特定セグメントのみに特化する

ショート・ライン政策を採択するのかによっても異なる。フル・ライン政策を採択する企業は短いスパンで積極的に製品を導入するが、ショート・ライン政策を採択する企業はゆっくりとしたスパンで市場状況を見極めながら期を狙って製品を導入する[4]。

製品ライフ・サイクルの典型的なパターンは凸字型の曲線を描くが、描けるか否かは製品によって大きく異なる(図4-1)。顧客ニーズの多様化により大ヒットする製品が少なくなっている現状からも明らかなように、製品の目新しさ、魅力度、競争状況等によっては、導入後に理想の曲線を描くことなく市場から撤退していく製品は多い。

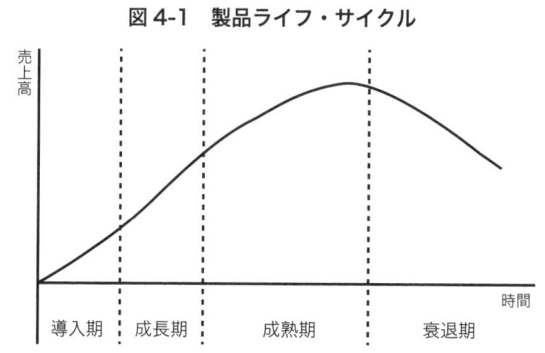

図4-1 製品ライフ・サイクル

（縦軸：売上高、横軸：時間、導入期・成長期・成熟期・衰退期）

出所) Kelley, Eugene J. and William Lazer(1967), *Managerial Marketing, third edition*, Richard D. Irwin, Inc. 片岡一郎・村田昭治・貝瀬勝共訳『マネジリアル・マーケティング（下）』丸善、1969年、415頁を筆者加工。

次に、製品ライフ・サイクルの各段階を説明する。

2. 導入期 (introduction stage)

開拓期 (pioneering stage) や市場開発期 (market development stage) とも呼ばれる。製品が市場に導入され、その新製品に対しての明らかな需要が起こる前の段階である[5]。この段階において新製品を売り出す企業はわずかであるだけでなく、製品の種類も少ない。なぜなら、市場がまだ未成熟であるので受け入れ態勢が整っておらず、製品を細分化するには早すぎるからである。この段

階の製品の知名度は低くて便益も認知されておらず，価格が変化しても需要量が大きく変動しないので価格弾力性は極めて低い。需要の予測も困難な段階であるので，操業度が高まらず，生産コストが高くなる。また，事前の計画で設定した標的顧客と，実際の顧客との違いの把握も必要である。

競争企業も少ないこの段階は市場占有率を高めることよりも，消費者への認知度を向上させ，有効需要の喚起が求められる。従ってマス・メディアを通じた広告・宣伝，サンプルやクーポンの配布などの大々的なプロモーション活動の展開，販売経路開拓に伴う流通業者への支援に要する費用など，多額の出費が伴い販売量や販売額に対して得られる利潤は少ない[6]。

この段階では，一般的には高所得者を市場標的にして次の成長期における販売拡張へのステップとなるように上澄吸収価格戦略がとられることが多い。企業には可処分所得が多く，時代を先取りすることにステータスを感じている層を取り込み，短期的に投資を回収する狙いがある[7]。

3. 成長期（growth stage）

市場承認期（market acceptance stage）とも呼ばれる。導入期に一定の購買者がおり，口コミによる評判の広まりや，広告宣伝の効果も加わる。従って需要と利潤が加速的に増えはじめ，市場が急速に拡大する段階である。導入期では認知されていなかった新製品の知名度や便益が多くの顧客に認知され，受け入れられるようになる。需要の予測もある程度までは可能となり，生産コストも減少していく。高い成長度を示すということは，それだけ魅力的な市場を意味する。導入期では静観していた潜在的競争者である競合企業が参入し，競争が激しくなる。後発の競合企業は，開拓企業の製品をコピーしたような，ほぼ同じような製品や，機能面やデザイン面での改良を加えた製品で市場に参入する。

この成長期においては製品やブランドの差別化を図り，差別的優位性を確保して製品イメージを確立することが必要である。そのための戦略は品質に裏付けられた製品の力強い広告である。競合企業が多くなるこの段階では，初期の

購買者からの不満を改良して差別的優位性を確保しなければならない。同時に競争的・説得的な広告宣伝を行い，自社ブランドの訴求点を消費者にアピールしなければならない。また流通チャネルの整備も必要になる。導入期には選択的チャネル政策がとられることが多いが，需要や売上が伸びているこの段階では無差別的な開放的チャネル政策がとられることが多い[8]。

4. 成熟期（maturity stage）

飽和期（saturation stage）とも呼ばれる。需要が横ばい状態となり，利潤も減少し始める。成長期では多くの競合企業が市場に参入してきたが，需要，利潤の拡大を望むことが困難な成熟期において新規参入は少ない。消費者の新規需要はほとんどなくなり，買替えや買増し需要が多くなり，反復購入が需要の大部分を占めるので市場は飽和状態になる。すなわち，マーケティング活動最大の見せ場となる段階である。

この段階における企業の目的は市場維持である。ただ標的顧客も低所得者へ移っているので市場を維持することも簡単ではない。この目的を達成するための戦略は品質と価格に関するものである。品質では製品差別化が必要となるが，技術的改良による本質的要素の改良は困難である。従ってパッケージ，ラベル，色などの副次的要素を変更することでの外観的形式的差別化が行われる[9]。

この戦略が成功すると，横ばいや下降気味であった需要や利潤が再びピークを迎えることがある。生産コストは減少しているが，激しい競争により販売価格が限界まで低く設定されているので，それ以上に価格を引き下げる余裕はない。それゆえ，卸・小売段階においての値崩れや乱売を防ぐために流通チャネルの管理が重要となる。

5. 衰退期（decline stage）

陳腐化期（obsolescent stage）とも呼ばれる。代替製品の出現や，消費者ニーズの変化により需要と売上は減少し，市場は衰退する。この段階では積極的にマーケティング活動を行っても大きな効果を得ることはできない。中心となる

マーケティング活動は価格とサービス政策である。成熟期でも価格の切り下げをする余裕はなかったが，衰退期では特別販売や大幅な値引販売を実施しなければならない。成熟期と同様に製品の副次的要素の変更に重点を置いたり，製品の新用途の開拓にも力が注がれる[10]。その一方で，市場から撤退するタイミングの問題も考慮しなければならない。ただ，製品へのニーズが完全になくならない限り一定の売上を確保できるので，他社の撤退はある企業にとってチャンスとなる。

第3節　製品改良と新用途開拓

　製品は，ライフ・サイクルをたどるとともに新鮮さや差別的優位性が失われる。ただし，製品が成熟期に達したからといっても，そのままの流れで衰退期を迎えるとは限らない。改良や新用途の開拓などを行って需要の減少を食い止める手立てを講じる必要がある。こうすることで飽和状態となった製品に新たな販売機会を見出すこともできる。ライフ・サイクル後期の製品を新たな視点から捉え直して需要を喚起することで，ライフ・サイクルを一段引き上げることができる。

　導入期や成長期の需要や利潤が拡大している間も，競合企業の製品と競争上の差別的優位性を獲得するためには製品を改良し品質の向上に努めることは必要である。従って改良はどの段階でも行われなければならないが，一般的には成熟期や衰退期に入り需要が伸び悩む時期に行われることが多い。

　製品改良は，大きく3つに分類できる[11]。1つ目は品質改良である。製品の機能面での耐久性や信頼性などの特色を改良することを目的としている。その方法は製品の材質，構造，技術などの本質的な改良を施すことである。品質を改良することで高い効果が生まれると考えられ，多くの購買者が品質改良に対して強い反応を示すほど有効になる。

　2つ目は特徴改良である。製品の使用回数を増やすこと，使用時における利便性の向上，安全性，能率性などを改善し，新しい諸機能を付け加える。この

ような改良は，消費者へ使用上の便益を与えることで当該製品が革新的であるとの心理的なイメージを刷り込む。つまり新しい諸機能を開発することで企業の革新性などのイメージ向上につながるだけでなく，弾力的な競争力となる。機能特性の変更や除外はさほど難しいものでもないし，場合によってはオプションとして消費者に選択肢を与えることもできる。ただ，特徴改良は他社から模倣されやすい。

　3つ目は美的な魅力を向上させることを目的としたスタイルの改良である。パッケージ，ラベル，色など製品に外観的な変更を加えることで目新しさをアピールする。先の2つの機能的改良と比べて少ない費用で手軽に行うことができるので，短期的に需要を喚起する場合に有効である。

　これらの製品改良とは少し意味が異なるが，視点を変えることによって生まれる新用途の開拓もある。製品の新しい用途を発見して消費者にアピールすることで，市場の拡大や新市場の開拓が可能となる。また製品寿命を延ばすための有効な戦略ともなる[12]。

　新用途開拓には2つのプロセスが存在する。1つ目は企業の研究成果として開発される場合である。企業が主体となって新用途が開発される場合は，異なる業種の市場に参入していくことも可能である。2つ目は消費者が新たな使用方法を発見し，口コミなどを通して広まっていく場合である。消費者がその製品を繰り返し使用していく中で多くの経験値を蓄積して，企業では考え付かないような使い方をすることもある。

　企業の意図の有無に関わらず，新用途が開拓される可能性は無限にある。つまり，新用途の開拓は企業が意図した市場の拡大をもたらすだけでなく，既存製品の改良や新たな業種での新製品の開発にもつながる。

　これらの改良形態には，明確な区別があるわけではない。現実には，同時進行で混ぜ合わさりながら行われる。多くの製品ラインを取り揃えている企業にとっては，どの製品を，どのタイミングで修正を加えるかの判断をすることは非常に難しい。

　製品を改良することや，新用途を開拓することは，非常に重要な戦略であり，

経営者やマーケティング担当者には適切な行動が求められる。製品の売上減少は避けることができない。ただ，減少を少しでも食い止めるためには既存製品の新用途開拓，新たな顧客層の探求，市場の拡張に努めなければならない。このような努力は製品ライフ・サイクルの曲線の変更をもたらす。

第4節　製品改良と新用途開拓による事例 [13)] [14)] [15)]

本節では製品改良と用途開拓の事例として株式会社佐藤喜代松商店（以下，佐藤喜代松商店）を，用途開拓の事例として二条城を取り上げる。

1. 佐藤喜代松商店に見る製品改良と用途開拓の事例

佐藤喜代松商店は1921年に初代佐藤喜代松が漆精製販売業として設立し，1949年に法人化された企業である。同社の事業内容は漆精製販売・捺染スクリーン資料販売であり，日本の伝統工芸の漆の歴史を引き継いでいる。

日本人は古くから，食器，家具，仏壇・仏具，織物，建築物など多くの場面で漆と触れ合う機会が多く，日常生活でもなじみが深いものであった。しかし，生活の洋風化などの理由で，今では漆製品が使われるのは盆や正月，冠婚葬祭のように特定行事に限られている。

逆境下にある漆製品だが，佐藤喜代松商店らにより共同開発された「MR-Ⅲ・雅」（以下，MR漆）が新しい風を吹き込んだ。MR漆は従来からの漆の概念を一変させ，新用途で新たな市場に活躍の場を広げている。

漆産業が衰退した要因の一つに合成塗料などと比べ，かぶれやすい，常温多湿でないと固まりにくいといった取扱いの困難さがある。このような特徴をもつが故に漆製品は大量生産が難しく，一般市場には普及しにくかった。

佐藤喜代松商店はそのような状況を改善するために耐久性に優れ，扱いやすい漆の開発を始めた。そして，15年もの年月をかけ完成したのがMR漆である。従来とは異なる生漆の処理方法を開発し，乾きやすい特徴をもっている。MR漆は，従来の漆の欠点を克服して汎用性も高くなっている。

伝統工芸の漆製品は世界的にみても非常に評価が高いが，用途が限られていた。しかし，MR漆の開発に成功し，汎用性の高い漆が誕生したことで建築分野，家電，自動車，アパレル関係など，さまざまな業界で使われるようになった。一例に神戸市のケミカルシューズ製造大手のカワノと共同で開発した婦人靴がある。これはヒール部分に漆塗りと紅葉などの蒔絵が施されており，婦人靴でありながら漆塗りという和の高級感漂う仕上がりになっている。

また，佐藤喜代松商店は自動車にもMR漆を用いた塗装を行った。自動車の塗装と漆塗りとは似ても似つかない，また組み合わせて製品化することを想像することは非常に難しい。なぜなら自動車は漆塗りにとってタブーとなる条件を揃えているからである。自動車は一年中太陽や紫外線，雨や雪にさらされており，漆を用いて塗装を行っても屋外に置いておくと一夏で艶が落ち白化してしまう。しかし，MR漆が吹き付けられた自動車は2年以上も光沢のある状態を保っており，タブーとされていた条件も克服した。これによってMR漆の高品質が証明された。MR漆は従来の漆の欠点が改良されたことで，新たな業種において新用途で活用されるようになった。佐藤喜代松商店には自動車メーカーだけでなく多くの業種の上場企業からの問い合わせや来社，マスコミからの取材が殺到した。

このように佐藤喜代松商店はこれまで漆塗りと無関係であった業種にも進出している。今まで関係がなかったような業種にも漆塗りの技術が浸透すれば，需要拡大のチャンスはどこまでも広がっていくであろう。

2. 歴史的建造物などの用途開拓

二条城（正式名称：元離宮二条城）は徳川家康が西日本の諸大名に築城を課し，大政奉還の舞台となるなど，歴史的・文化的な価値が高い城である。1952年には国の重要文化財に，1994年にはユネスコから世界遺産に指定されている。金閣寺や清水寺と並ぶ人気の観光地であるだけでなく，日本の歴史や文化を学習できる教育の場でもある。その二条城の新用途が見出され，今までとは異なる角度から魅力が発信されている。

京都市は，二条城を会議や研修旅行，国際会議，イベント等に利用できる「世界遺産・二条城 MICE プラン[16]」事業をスタートさせた。世界遺産である二条城が民間に貸与されるという極めて異例の試みである。従来は観光や学習の場として見学するだけであった重要文化財の二の丸御殿台所（300人収容可能）や清流園（1,000人収容可能），茶室などを1日単位で貸し出す，まさに新用途の開拓である[17]。世界遺産が国際会議やコンサート会場という新たな用途で利用できることは，消費者にとっては大変魅力的である。

　2003年3月から東山地域で始まった「京都・花灯路」は，灯りをテーマとする観光資源の創出事業であり，京都を代表する寺院・神社をはじめとする歴史的な文化遺産やまち並みなどを日本情緒豊かな陰影のある露地行灯の灯りと花によって演出している[18]。2013年3月に実施されたイベント「京都・東山花灯路 2013」では，国宝の知恩院三門でプロジェクションマッピングが開催された。プロジェクションマッピングとは，建物をスクリーンに見立てて，その形状に合わせた映像をプロジェクターで投影することで，あたかも建物が動いているかのような印象を与える最新の映像表現技法である。高さ24m，幅50mの巨大な歴史的建造物が現代の技術と融合することで，幻想的な光景が演出された。

　また，宿房も用途開拓の好例であろう。本来の宿房は僧侶のみが対象の宿泊施設であったが，平安時代の寺社参詣の普及によって貴族や武士，さらには一般の参詣者にまでその対象が広がり，現在では観光客も宿泊することが可能である。一方，禅寺では坐禅も体験でき，通常とはひと味異なる京都が堪能できる。例えば，1202年に開創した臨済宗建仁寺派の大本山である建仁寺では，坐禅と法話の会「千光会」が毎月第二日曜日午前8時より開催されている[19]。

　このように，拝観するだけでは感じることのできない新たな魅力の提供は，文化財等の活用に加えて，それらの格式や歴史的価値を再認識する場にもなる。それは京都という土地に歴史や文化が受け継がれてきたからこその，価値ある新用途開拓である。

注

1) 村田昭治「製品計画」深見義一編『マーケティング論』有斐閣，1965年，17頁。
2) 橋本勲『現代マーケティング論』新評論，1973年，216頁。
3) 橋本勲，前掲書，216頁。
4) 橋本勲，同上書，225頁。
5) Kelley, Eugene J. and William Lazer(1967), *Managerial Marketing, third edition,* Richard D. Irwin, Inc. 片岡一郎・村田昭治・貝瀬勝共訳『マネジリアル・マーケティング（下）』丸善，1969年，415頁。
6) 橋本勲，前掲書，205頁。
7) 橋本勲，同上書，204頁。
8) 橋本勲，同上書，206頁。
9) 橋本勲，同上書，207頁。
10) 橋本勲，同上書，208頁。
11) 橋本勲，同上書，230頁。
12) 村田昭治，前掲書，23-24頁。
13) 株式会社佐藤喜代松商店ホームページ（http://www.urusi.co.jp/）。
14) 『週刊京都経済』第661号，2004年9月20日，8頁。
15) 『戦略経営者』第226号，2005年8月号。
16) 京都市情報館ホームページ（http://www.city.kyoto.lg.jp）。MICE：会議(Meeting)，企業の行う報奨・研修旅行（Incentive Travel），国際会議（Convention），イベントや展示会（Event/Exhibition）の頭文字を取ったもの。
17) 『京都新聞』2013年11月16日（朝刊），3頁。
18) 京都・花灯路推進協議会ホームページ（http://www.hanatouro.jp）。
19) 建仁寺ホームページ（http://www.kenninji.jp/experience/index.html）。

第5章 経験を訴求する製品・サービス

第1節 「経験」による差別化

　前章までにおいて，4Pを中心とする伝統的なマーケティング論における製品戦略，あるいは差別化戦略についての議論がなされてきたが，本章では，それらとは異なる視座からの考察を試みる。その視座とは端的にいえば，消費者ないし顧客の主観的な観点に焦点を当てるものである。

　従前のマーケティング論においても，顧客志向や顧客満足という用語に表されるように，「顧客」はその中心的な課題として考察されてきたが，近年，顧客の情緒的な側面をより強調する「経験」あるいは「経験価値」という概念が注目されている。

　「経験」に関する議論は多様であるが，代表的な研究成果として，『経験経済』[1]および『経験価値マーケティング』[2]を挙げることができる。後述するが，ここでの経験とは，「海外旅行に行ったことがある」「野球をやっていた」というような過去を振り返っての経験ではなく，消費者が製品やサービスを購買する時点や消費する過程で生まれる感情，すなわちその製品やサービスによって刺激される個人的な感覚や感性を意味している。

　本章では，この「経験」という比較的新しい概念について，上記著書を足掛かりに理解を深めるとともに，マーケティング・ツールとして経験を考察する。

1．経験とは

　パイン＝ギルモアは，『経験経済』において，経済システムが，農業経済，産業経済，サービス経済，そして経験経済へと進展すると言及し，それに伴っ

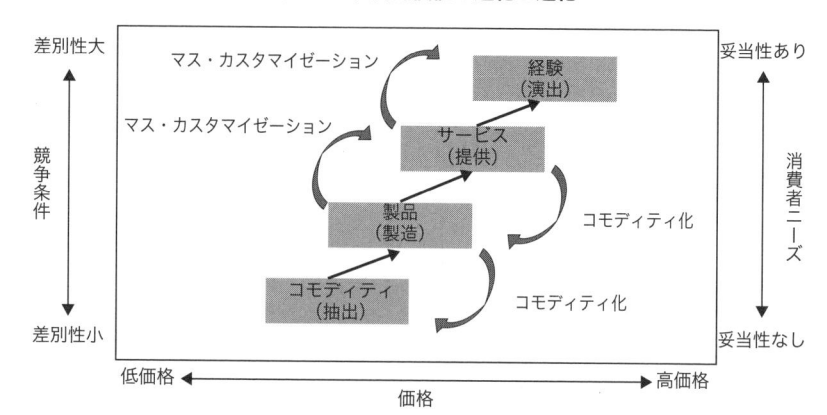

図 5-1　経済的価値の進化と退化

出所）Pine, B.J. and J. H. Gilmore, *The Experience Economy*, Harvard Business School Press, 1999, p.72.（岡本慶一・小高尚子訳『［新訳］経験経済』ダイヤモンド社, 2005年, 123頁）

て提供物としての経済価値は，「コモディティ」，「製品」，「サービス」，「経験」へと移行すると主張している。この主張は，製品のみならずサービスにも及ぶコモディティ化による価格競争へ警笛を鳴らすものである。図5-1は，「コモディティ」から「製品」，「サービス」，さらには「経験」へと至る経済価値の進展過程を描いている[3]。

「コモディティ」とは，差別化が困難で，需要と供給のバランスのみで価格が決定される代替可能なものと定義され，最も顕著なものに自然界から得られる産物（農産物や鉱物など）がある。「製品」は，コモディティに付加価値（加工など）を加えた形のある物品であり，不特定の顧客に対して販売される用途に応じて規格化されたものである。「サービス」は，顧客のニーズに応じて個別に提供され，顧客自身や顧客の所有するものに対して働きかける形のない活動である。そして，「経験」は，思い出に残るという特性をもち，「企業がサービスを舞台として，製品を小道具とし，ある人を魅了しようとするときに生ずるもの」とされる[4]。

経済価値の進展の鍵となるのがカスタマイゼーションである。カスタマイ

ゼーションすることによって，製品はサービスとなり，サービスは経験へと移行する。すなわち，競合他社のものと差別化されたパーソナルで特有のものに顧客が代金を支払った結果として，より高次の段階に向けた連続的な移行が生じる[5]。この経済価値の移行について彼らは，上記著書において，コーヒーの価格を例に次のように説明している。コモディティであるコーヒー豆は，カップ一杯につき数円程度であるが，その豆を挽きパッケージングすることで，製品として数十円で販売できる。そして，その豆を使用して淹れたコーヒーが喫茶店などで提供されるときには数百円になる。このようにして提供物としての経済価値は高められる。しかしながら，結局のところ競合ひしめきあう当該産業において，価格競争は避けられない。いくら品質の優れた製品やサービスであってもコモディティ化は避けられない。

では，このコーヒーが高級レストランや有名ホテルで提供されたならばどうだろうか。消費者はより高価格であっても支払いをためらうことはないだろう。そこでは，こころときめく雰囲気や極上の空間を味わうことができるからである。このような製品ともサービスとも異なる提供時の演出がより高次な経済価値として「経験」と位置づけられる。

したがって，コモディティ化を回避するためには，顧客にとって特有なものである経験を提供することが他社との差別化を図るうえで重要となる。そこでは，顧客が製品やサービスの機能的用途ではなく，その購入あるいは消費の過程で創出される経験（思い出に残る出来事など）を求めるよう動機づけなくてはならない。

2. 差別化要因としての「経験」

経済社会は成熟化し，製品やサービスの機能や便益を向上させることによる差別化は困難になっている。企業が新製品あるいはサービスを市場に導入したとしても，短期間のうちにその差別的な優位性は小さくなってしまう。身近な例として，ペットボトル飲料に目を向ければ，次々と新製品が市場に導入され，コンビニエンス・ストアなどの陳列棚では「新発売」という文字を目にしない

ことのほうが少ないだろう。しかしながら，他製品との市場競争に打ち勝ち定番商品となるのはその中のほんの一握りに過ぎず，ほとんどの製品が市場からすがたを消している。

　このような現況において，製品あるいはサービスが有する機能や便益による差別化とは別の視点として「経験」による差別化が有効な戦略となりうる。ペットボトル飲料の例では，サントリーの伊右衛門が経験を活用していると考えられる。商品名が示すように，京都の老舗茶屋である福寿園と提携し，日本茶の伝統や私たちがもつ和の心と緑茶を結びつけることで，のどの渇きを潤すというよりも緑茶を飲んでほっとしたり心安らぐ気持ちを感じたりするような感情的な経験を創出し，消費者の感性を惹きつけるブランド・イメージを形成している。また，伊右衛門のパッケージは竹筒のような形状をしており，消費者が商品を手にとる時点で和の心を想起させるような演出もある。すなわち，緑茶という製品特性のみならず，消費者の感覚に訴求することで強いインパクトを与え他社製品との差別化に成功した例といえるだろう。

　パイン＝ギルモアによれば，「一つの製品を使う過程で消費者はいくつもの経験に遭遇する。そうした経験の中に差別化の可能性が秘められている」のであり[6]，この経験によって生じる価値を高めることで企業は他社との差別化を図ることが可能となる。経験やその価値を認識し，「製品・サービスを消費する中での消費者の経験に焦点を当て，その消費者の経験を差異化することにより，顧客のマインド内に独自のポジションを築く戦略」[7]の一つが，次節で学習する経験価値マーケティングである。

第2節　経験価値マーケティング

　シュミットによれば，経験価値は，「出会い，経験，さまざまな状況下で生活してきたことの結果として生まれる。経験価値は，感覚(sense)，感情(heart)，精神(mind)への刺激によって引き起こされる」ものであり，経験によって提供される価値が「機能的価値に取って代わる」[8]。そして，経験価値には次

の5つのタイプがあるとする。それらは，感覚的経験価値（SENSE），情緒的経験価値（FEEL），創造的・認知的経験価値（THINK），肉体的経験価値とライフスタイル全般（ACT），準拠集団や文化との関連付け（RELATE）である。そして，この経験価値を戦略的に訴求することが経験価値マーケティングの実践にとって肝要である。

1. 経験価値の類型

シュミットの類型に依拠しながら経験価値のそれぞれににについて概略し，それらの特徴をみていく[9]。

①感覚的経験価値（SENSE）

感覚的経験価値は，視覚，聴覚，嗅覚，味覚，触覚という五感による刺激を通じて，審美的な楽しみ，興奮，満足などが顧客によって感得されることで引き起こる経験価値である。感覚的経験は，美や興奮に関する顧客の感覚に訴求することによって，「市場における組織そのものや製品を差別化し，顧客に製品を買うように動機づけ，顧客に価値を提供する」ために用いられる。購買に影響したり購買後に魅力を認識させたりする顧客に対する感覚的インパクトを引き起こす刺激によって生み出される。

②情緒的経験価値（FEEL）

情緒的経験価値は，顧客の内面的な感覚や感情に訴求することによって，ブランドと結びつくポジティブな気分や，喜びや誇りなどの強い感情のような感動的な経験が創造されることで生じる経験価値である。情緒的経験価値の創出には，広告などのプロモーション場面での活用が想定され，「顧客がすでに経験している強烈な感情の対象物から，それと対になる新しい対象物（製品やブランド）に，好意的な情動を移転させる」ことによって効果が期待される。

③創造的・認知的経験価値（THINK）

創造的・認知的経験価値は，感覚を利用して顧客の知性に対して刺激を与えることで，ある企業とそのブランドなどについて顧客がクリエイティブに思考することで起こる経験価値である。「好奇心をそそる状態と驚きと，ときには挑発的

な感覚を結びつける」ことによって，適切な動機づけを提供することができる。

④肉体的経験価値とライフスタイル全般（ACT）

肉体的経験価値とライフスタイル全般は，行動的経験価値とも称され，顧客の肉体的な行動や長期的な行動パターン，さらにはライフスタイルなどに関連して生じる経験価値である。そしてこの価値は，他者とのインタラクションを介して，より高められるという特徴がある。すなわち，肉体的な経験は，個人的でプライベートな活動と関連するが，多くの場合，他の人々の目に触れるものであり，顧客は自らの行動やライフスタイルを変化させることで生じる自身の振る舞いや言動を誇示し，その結果として行動的経験価値が高められる。そのために，ロールモデルを示し，行動やライフスタイルの代替的なパターンを提示するとともに他者との相互作用を動機付けることが有効である。

⑤準拠集団や文化との関連付け（RELATE）

準拠集団や文化との関連付けは，関係的経験価値とも称され，個人の自己実現への欲求に訴求したり，個々人の自己をブランドの中に反映される広範な社会的・文化的文脈に関連づけたりすることで，顧客が社会的アイデンティティを構築するなどして獲得される経験価値である。それはまた，プライベートな感覚，フィーリング，認知，そして行動を越えて拡張し，「個人の私的なフィーリングを対象にするだけでなく，自分の理想像や他の人，あるいは特定の文化やグループに属しているという感覚を個人に持ってもらうためのアプローチである」と捉えられる。

2．経験に基づくマーケティング

経験価値とは，製品やサービスそのものが有する価値ではなく，顧客がそれらを使用した経験によって感得される価値である。したがって，価格によって客観的に示される交換価値とは異なり，消費者の感覚や感情という極めて主観的な側面を強調する価値である。先述のパイン＝ギルモアは，コモディティ化への対応として経験の重要性を提示し，より上位の経済価値である経験を生み出すマーケティングを議論している。そして，シュミットは顧客の経験価値に

焦点を当てたマーケティングを志向し，その分析枠組みを構築している。

経験に基づくマーケティングは，製品あるいはサービスと消費者の関係とそこでの接点を通じて，他社との差別化を可能にする経験価値を生み出す。消費者が特有に感得する経験価値を創造し，高めることを意図するのが経験価値マーケティングである。そしてその実践には，前述の5つの経験価値を組織のマーケティング活動の目標や戦略を構築する際にマーケティング・ツールとして活用することが鍵となる。そこで，組織の理念や提供する製品あるいはサービスの価値を消費者の立場から捉えなおし，消費プロセスにおいて経験を創出させる仕掛けづくりを検討しなければならない。

ここで，単一の経験価値よりも複数の経験価値を組み合わせて訴求することで，経験価値マーケティングはより効果的な戦略となる[10]。

シュミットによれば，5つの経験価値のうち，感覚的経験価値，情緒的経験価値，認知的・創造的経験価値は，「個人的な」経験価値として，また，行動的経験価値（肉体的経験価値とライフスタイル全般），関係的経験価値（準拠集団や文化との関連付け）は，「共有された（すなわち社会文化的）な」経験価値という二つのカテゴリーに区別できる[11]。すべての経験価値を包括的にかつ整合的に組み合わせることが経験価値マーケティングの実践上望ましいと考えられるが，製品あるいはサービスの特性を鑑みながら個人的な経験価値の組み合わせと共有された経験価値の組み合わせのどちらか一方に軸足をおきながら拡張を試みることが有効な戦略となるだろう。

次節では複数の経験価値を組み合わせて訴求しているケースを紹介するが，前者の東映太秦映画村は主として個人的な経験価値を訴求するケース，後者のウェルネスリンクは共有された経験価値を訴求するケースである。

第3節　経験価値を訴求するケース[12]

1．東映太秦映画村

個人的な経験価値を組み合わることで経験の訴求に成功している事例として

写真 5-1　東映太秦映画村

東映太秦映画村をとりあげる。

東映太秦映画村（以下，映画村）は，1975年に京都市にオープンした映画を舞台にするテーマパークである。映画村が位置する太秦周辺は日本のハリウッドと称される日本映画製作の象徴的な地域であり，この地に所在する東映京都撮影所がオープンセットを開放することによって開設した。映画村の年間入場者数はおよそ100万人であり，時代劇撮影の見学や映画撮影のオープンセット，イベント，アトラクションなどがその魅力となっている。

映画村ではさまざまなアトラクションやイベントが行われており，そこで訴求しているのはそれらを通じた顧客一人ひとりの「体験」である。映画村を訪れた人々は時代劇の世界を体験し，まるでタイムスリップしたかのような日常を忘れるような経験を得ることができる。映画村全体が時代劇の世界観をコンセプトとして作られており，特別な経験価値を提供する空間となっている。

映画村に訪れた消費者は，映画撮影のオープンセットが作り出す景観から圧倒的に五感を刺激され，目にするもの手にとるものからは非日常的な感覚を覚えるだろう。また，忍者や時代劇衣装を体験できる扮装体験は，扮装姿のままで映画村内を散策することでまるで映画の主人公になったかのような気分に浸

れる。他方では，映画の資料が展示されていたり，時代劇の世界観からは当時の生活背景や歴史などを感じられたりするなど学びへの刺激もあり好奇心と想像力をかきたてられる。これらの経験は，感覚的経験価値，情緒的経験価値，創造的・認知的経験価値を高め，このような経験価値を組み合わせることによる訴求が，他のテーマパークとの差別性を生み出している。

　また，映画村は子供だけでなく大人もイベントやアトラクションによって提供される体験から自身の記憶を回顧したり，映画の内容や意味について子供とコミュニケーションがとれたりと，従来のテーマパークにはみられない子供と大人が一緒に楽しめる空間を創出している。

2. ウェルネスリンク（オムロン ヘルスケア株式会社）

　オムロンヘルスケア株式会社は，健康機器の開発・販売，健康管理ソフトウェアの開発・販売，健康増進サービス事業を展開するオムロン株式会社の完全子会社である。オムロン株式会社は1933年に京都に創業した，制御機器や電子部品開発など，産業財の取引を主とする企業である。その中で，健康医療機器・サービス事業は総売上の11％を占める事業であり，オムロングループにとって唯一のBtoC事業であるのがオムロンヘルスケア株式会社である。

　同社は，「All for Healthcare すべては，世界中の人々の健康ですこやかな生活の実現のために」という企業理念のもと，体重体組成計や血圧計などの家庭用製品および医療用製品の開発・販売を行っている。ここでとりあげるのは，同社が健康サポート・サービスとして提供するウェルネスリンクである。

　ウェルネスリンクでは，パソコンやスマートフォンと連携し，対応機器によって記録した，歩数，体重，体温，血圧，睡眠時間などのデータが管理され，毎日のデータがグラフ表示されるというサービスがある。また，設定した目標に対して，専門的なアドバイスやメッセージが届けられるなどさまざまなサービスが提供されている。なかでも，「みんなでイベント」というサービスは，先の「行動的経験価値」と「関係的関係価値」を訴求している好例である。

　「みんなでイベント」は，オンラインで開催されるイベントであり，参加者

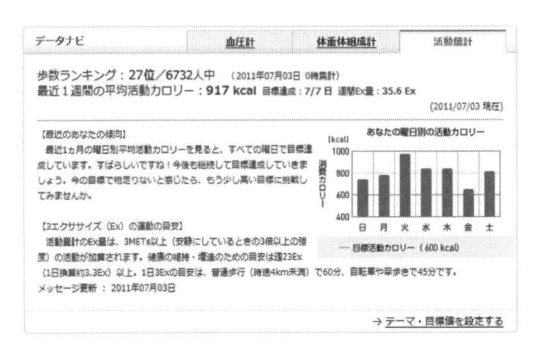

図 5-2　ウェルネスリンク：アプリ画像例

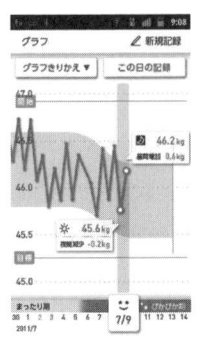

の中でランキング表示され，成果を比べたり順位を競ったりするものである。ダイエットやエクササイズなどはつい怠けがちになるが，イベントに参加する他参加者との共同意識や競い合うという楽しさをデザインすることで顧客のモチベーションを高めている。その他に，コミュニケーションの場としてWeb上に掲示板が用意され，そこでは参加者同士が励まし合ったり，意見交換などが行われたりし，一人では続きにくい取組みも楽しく続けられる仕組みを構築している。

　このようにウェブサイトを情報発信手段として使用するのみでなく，製品やサービスを経験へと転換させ，顧客を楽しませたり関連付けたりするための機会として活用している。同社は，ウェルネスリンクを通じた経験を顧客に訴求し，そこでの顧客自身の経験とコミュニティにおける社会文化的意味合いと，社会的アイデンティティに対する顧客の欲求を絡めながらインパクトのある経験価値を提供している。

　ウェルネスリンクにおいて製品は，他の人々との意義のある接触や，それらの人々とアイディアや経験を共有したりするための手段の一つである。コミュニティに最も重要なことは潜在的には社会経験からもたらされる。製品をもとに経験が生じたり，創発されたりする場合にその製品はその意義深さを高めるのである[13]。

第4節 まとめ

　本章では,『経験経済』および『経験マーケティング』に依拠しながら経験による差別化について論を進めてきた。このような消費者の経験や主観的な側面に焦点を当てた研究は,1980年代の前半から消費者行動研究の領域において注目され(例えば,ホルブルック＝ハーシュマン)[14],現在においてマーケティング研究の主要なトピックの1つとなっている。1970年代以降のサービス経済の進展に伴って,4Pを中心とする伝統的なマーケティング論を補完するかたちでサービス・マーケティングやリレーションシップ・マーケティングのようなサブ領域が現れた。これらの研究は,総じて消費者あるいは顧客と企業の相互関係に着目するものであり,本章で議論した経験価値マーケティングも同様の潮流に位置する。

　当然のことながら,本章での議論は製品およびサービスの機能や便益の向上とその積極的な訴求を否定するものではなく,それら以外の要素や活動での消費者への訴求の重要性が増しているということを示すに過ぎない。換言すれば,これらの要素が,組織が策定するマーケティング戦略上の差別化のツールとして考慮し得るものとなっているということである。企業や消費者を取り巻く環境は変化し,その中でマーケティング・ツールも移り変わってきている。先述のとおり,経験価値は,ある刺激に反応して生じる個人的な出来事であり,消費者が固有に感得する価値であるから,完全に把握し管理することは難しいが,企業が消費者に提供するものが何であるのかということについて考慮する際の新しい視点が示されるようになっており,その一つに「経験」という価値がある。

注
1) Pine, B.J. and J. H. Gilmore, *The Experience Economy*, Harvard Business School Press, 1999.（電通「経験経済」研究会訳『経験経済』流通科学大学出版,2000年。／岡本慶一・小高尚子訳『[新訳] 経験経済』ダイヤモンド社,2005年)
2) Schmitt, B. H., *Experiential Marketing: How to Get Customers to Sense, Feel,*

Think, Act, Relate, The Free Press, 1999.（嶋村和恵・広瀬盛一訳『経験価値マーケティング消費者が何かを感じるプラスαの魅力』ダイヤモンド社, 2000 年）
3) 最終的には，顧客の求めるものに完全に一致する経験を提供することで究極の経済価値として「変革」があると言及するが，本章の議論の範疇を超えるため「変革」については議論しない。詳しくは，Pine, B.J. and J. H. Gilmore(1999) を参照されたい。
4) Pine, B.J. and J. H. Gilmore,*op.cit.,* p.11.（電通「経験経済」研究会訳，前掲書，42 頁）
5) Baron, Steve, Tony Conway, and Gary Warnaby, *Relationship marketing: a consumer experience approach,* Sage Publications, 2010.（井上崇通 他訳『リレーションシップ・マーケティング　消費者経験アプローチ』同友館, 2012 年）
6) Pine, B.J. and J.H.Gilmore, *op.cit.,* p.16.（岡本慶一・小高尚子訳，前掲訳書, 36頁）
7) 長沢信也・大津真一「消費者経験視点による差別化戦略—消費者経験概念の再構築—」『早稲田国際経営研究』(42), 2011 年，138 頁。
8) Schmitt, B. H., *op.cit.,* pp.25-26.（嶋村和恵・広瀬盛一訳, 前掲訳書, 46-47 頁）
9) Schmitt, B. H., *ibid.,* pp.99-189.（嶋村和恵・広瀬盛一訳, 同上訳書, 133-243 頁）
10) Schmitt, B. H., *ibid.,* p.69.（嶋村和恵・広瀬盛一訳, 同上訳書, 98 頁）
11) Schmitt, B. H., *ibid.,* p.208.（嶋村和恵・広瀬盛一訳, 同上訳書, 264 頁）
12) 本節のケースは，承諾を得て掲載している。しかしながら，ありうべき誤謬はすべて筆者に帰せられるものである。また，各企業の詳細については，次を参照されたい。東映太秦映画村ウェブサイト（http://www.toei-eigamura.com/），オムロンヘルケア株式会社ウェブサイト（http://www.healthcare.omron.co.jp/）
13) Prahalad, C. K., and Ramaswamy, V. The New Frontier of Experience Innovation, *MIT Sloan Management Review*, 44（4）, 2003, pp12-18.
14) Holbrook, M.B. and Hirschman, E., The Experiential Aspects of Consumption: Consumer Fantasies, Feelings and Fun, *Journal of Consumer Research,* (9), 1982, pp.132-140.

第6章　企業の価格政策

第1節　価格とは

　商品の価格は，企業によって設定される。それは消費者にとって，商品を購入するか否かの重要な判断基準のひとつである。消費者はどのように商品価格の高低を判断するのか，またそれは消費者にどのようなシグナルを送るのかに関しては次章で説明するが，本章では，企業がどのように価格を設定しているのかについて説明する。

　企業にとって商品の価格設定は，マーケティング・ミックスの一意思決定であると同時に，企業収益に直結する意思決定でもある。

　商品価格は，消費者の商品選択行動に強く影響する。そしてそれは他の3P（製品，チャネル，プロモーション）と異なって，柔軟に変更できる。それゆえに，企業は価格をしばしば短期的な販売促進や市場維持，市場拡大の手段として使う。しかし，目的なき価格設定と変更は，企業の収益悪化や倒産をもたらしかねない。そのため，企業にとって価格設定は，極めて重要な意思決定のひとつである。

　次節では企業が，何を手掛かりにし，具体的にどのように価格設定しているのかを考察する。第3節と第4節では具体例を紹介する。

第2節　3つの価格設定基準

　本節では，多くの企業が価格設定をする際の目安となるコスト，競争，需要の3つの基準を説明し，その後それらの関係性について概観する。

1. コストに基づいた価格設定 [1]

コストに基づいた価格設定は，商品の仕入原価または製造や販売にかかったコストに利益を加えた価格設定方式である。主なものとしてマーク・アップ方式，コスト・プラス方式，損益分岐点方式の3つがある。

(1) マーク・アップ方式

マーク・アップ方式は，仕入原価を係数1とし，それに利益率（マーク・アップ率）を加えた係数を仕入原価に掛けて，販売価格を算出する価格設定方式である。例えば，1リットルのパック牛乳1本あたりの仕入原価が100円で，利益率を20％に設定した場合，その販売価格は100円×(1+0.2)=120円になる。この価格設定方式は，生鮮食品などの仕入原価が安定しない商品にしばしば採用される。

(2) コスト・プラス方式

コスト・プラス方式は，マーク・アップ方式とほぼ同じ（コスト＋利益＝商品価格）である。両価格設定方式の違いは，コストに対する認識である。マーク・アップ方式のコストは仕入原価であるのに対し，コスト・プラス方式のコストは，商品に関わる製造原価と販売管理費の総和である。製造原価とは原材料費，輸送・保管費，製造に必要な人件費，包装費などである。また，販売管理費とは宣伝広告費，販売員の人件費，販売促進費などである。こうした価格設定方式は，商品当たりの変動費の割合が高い建築物や着物に採用されている。

しかし，製造原価における固定費の割合が高い商品は，コスト・プラス方式に向いていない。その原因は，コスト・プラス方式の製造原価に単位当たりの固定費を正確に反映させる算出法が含まれていないからである。

例えば，パソコンに使用されるCPUやメモリなどの半導体チップを生産する半導体企業は，短期間に高額の固定費を償却する必要がある。そのため，半導体企業にとって価格設定する際の重要なことは，単位当たりの変動費の算出に加えて，固定費も正確に反映させる必要がある。

つまり，コストに基づいた価格設定を半導体チップに用いるとしたら，コスト・プラス方式の原価計算にない単位当たりの固定費を反映させる計算法が必

要である。

(3) 損益分岐点方式

上記のような単位当たりの固定費を正確に反映させる必要のある企業は，損益分岐点方式を用いる。まず販売数量を予想し，その固定費と変動費を合わせ，目標利益額をさらに加え，目標売上金額を算出する。最後に，目標売上金額を予想販売数量で割り，販売価格を算出する。

図 6-1　損益分岐点方式による価格設定

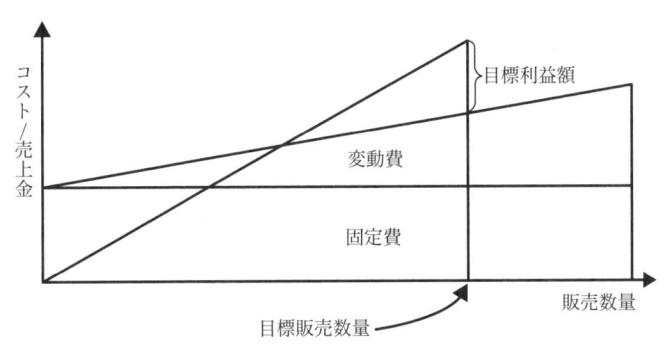

販売価格＝（（目標販売数量にかかる変動費＋固定費）＋目標利益）/ 販売数

（縦軸：コスト/売上金，横軸：販売数量，目標利益額，変動費，固定費，目標販売数量）

損益分岐点方式では，販売数量の予想または目標が重要である。そのため，損益分岐点方式はターゲット価格設定とも呼ばれている。このような価格設定方式は，電気や水道などのような市場を把握しやすい商品に向いている。

しかし，現代において自らの望む利益を前提にした価格設定ができる企業は少数である。市場に競争相手と消費者がいる限り，多くの企業は相手を意識した価格設定が必要である。次項以降では，競争相手と消費者の反応を踏まえた価格設定について概観する。

2. 競争に基づいた価格設定[2]

競争に基づいた価格設定は，競争相手が設定した価格を基準に自らの販売価格を決定する方法である。主要な設定方法には，実勢価格に従う価格設定と入札による価格設定の2つがある。

(1) 実勢価格に従う価格設定

　実勢価格に従う価格設定は，業界標準価格を基準に，販売価格を設定する方法である。業界標準価格は，1社の場合もあれば，複数社によって決定・維持される場合もある。

　前者の場合では，業界にプライス・リーダーと呼ばれる企業が存在し，それ以外の企業はプライス・リーダーが設定した価格を基準に価格設定をする。例えば，2014年4月からの消費税増税を機に，2014年2月27日にコカ・コーラ社は自動販売機向け飲料を10円値上げすると発表した。この発表を受けて3月3日には，業界第2位のサントリーと第3位のダイドードリンコ，そして実質第4位のキリンビバレッジと第5位のアサヒ飲料も追随した[3]。このケースでは，コカ・コーラ社がプライス・リーダーであり，サントリー，ダイドーなどはプライス・フォロワーである。

　一方，業界標準価格が複数社によって維持される代表的な業界としては，鉄鋼，自動車，石油精製，セメントなどが挙げられる。これらの業界では，市場の寡占化とリーダー企業が不在により，低価格競争を回避するという暗黙の了解の下で業界標準価格が維持されている。このような標準価格の維持は，業界の知恵とも呼ばれている。

　ここで注意すべきことは，実勢価格に従う価格設定は単純に販売価格を競争相手に合わせる価格設定法ではないということである。実勢価格に従う価格設定は，競争相手との非価格要素の顧客評価差を考慮し，販売価格の調整を通じて総顧客価値を同一にする価格設定法である[4]。

　ここで言う非価格要素の顧客評価とは，数値データに表せる品質やアフター・サービスなどの客観的な評価ではなく，顧客が感じるブランド，販売方法などの主観的評価である。そして総顧客価値は，商品の価格要素と非価格要素に対する顧客評価の総和である。

　言い換えれば，実勢価格に従う価格設定は，価格の調整を通じて競争相手との総顧客価値を一致させる価格設定法である。例えば，後発企業であるAMD (Advanced Micro Devices) 社とインテル社が同じ処理能力をもつCPUを生産

していたとしても，AMD 社はブランド力のあるインテル社の CPU より低く価格設定をする。それに対し，インテル社は AMD 社と同じ価格には設定しない。このような例は，実勢価格に従う価格設定である。

(2) 入札による価格設定

入札による価格設定は，入札によって受注者を決定するときに用いられる。入札とは，発注者が定めた条件のもと，最低金額で受注を希望した企業が選ばれる方法である。この場合の市場は単発的であるが，競争相手の予測される動向に基づいた価格設定が必要である。

入札による価格設定は，過去の入札データを基準に価格設定する。コトラーによれば，利益期待値に基づいた価格設定は最も効率が良い。

利益期待値は，過去の利益別の推定受注確率データをその利益に掛けて算出する。例えば，これまでの入札データでは，利益が 10,000 円で入札した場合の推定受注確率が 81% であるとしたら，その利益期待値は 8,100 円になる。利益が 60,000 円で入札した場合の推定受注確率が 36% であるとしたら，利益期待値は 21,600 円になる。また，利益が 110,000 円で入札した場合の推定受注確率が 9% であるとしたら，利益期待値は 9,900 円になる。こうした 3 つのデータが示されたら，入札者は利益期待値がもっとも高くなる利益が 60,000 円になるように価格設定をし，入札すべきだとされる。

3. 需要に基づいた価格設定[5]

需要に基づいた価格設定は，商品に対する消費者の価格認識に基づいた価格設定法である。これには，商品に対する消費者の知覚価値に基づいた価格設定と，価格に対する消費者心理（反応）に基づいたものの 2 つがある。

(1) 知覚価値に基づいた価格設定

知覚価値に基づいた価格設定は，消費者が知覚した商品に対して支払ってもよいと考える価格を基準にしたものである。これは，消費者が当該商品の品質と価格に関する知識をある程度備えていることが必要である。最も重要なことは，消費者の支払可能金額を予測することである。

予測方法は，直接価格評価法と直接知覚価値評価法の2つに分けることができる。前者は，価格を消費者に直接聞く方法である。後者は，消費者に自社商品と類似商品を比較評価してもらった後，商品間の差異比率を平均価格にかけて販売価格を算出する方法である[6]。

この価格設定法のメリットは，消費者が当該商品に対する価値および価格評価を試作品段階で確認できることである。これにより商品改良や利益計算，より正確な投資プラン作成などに役立つのである。デメリットは，消費者が商品の価値に対する関心が低い，または品質をよく理解していないとき，予想が困難になることである。

(2) 消費者心理に基づいた価格設定

もうひとつの需要に基づいた価格設定は，価格が消費者の商品品質判断および購買意思決定への影響を考慮したものである。これは消費者心理に基づいた価格設定と呼ばれ，名声価格，慣習価格，端数価格による価格設定がある。

名声価格による価格設定は，消費者が価格を基準に品質を推測する心理を利用したものである。これは購買頻度が低く，品質の判断が難しい美術品や宝飾品などによく用いられる。

慣習価格による価格設定は，消費者が慣れ親しんだ商品価格に合わせた設定法である。一昔前であれば，これは自動販売機の缶ジュース（120円）や使い捨てライター（100円プラス消費税），新聞（130円前後）などでみられた。この価格設定は，たとえ商品の製造原価が上昇し利益が減少する場合であっても，商品価格を容易に変更できない。

端数価格による価格設定は，980円のような9や8を伴った販売価格を設定する方法であり，小売企業が商品の割安感を創出するためによく使用される。

4. 3つの価格設定基準の関係[7]

企業は自らの目的に従って，コスト，競争相手，需要のいずれかの基準に重きをおいて価格設定を行う。しかし，ひとつの基準のみに依拠して価格設定をする企業は稀であり，通常他の基準にも配慮する。

その理由は、ひとつの基準に従った価格設定をすると、失敗する可能性が高いからである。例えば、企業が販売量の最大化または競争相手を基準にした価格競争を過度に重視することにより、原価よりも低い販売価格を長期間維持したならば、財務状況を極端に悪化させることになる。また、コストに基づいた目標利益の達成を過度に重視し、競争相手の価格を考慮しない価格設定をしたならば、商品が売れないかもしれない。

以上のことを踏まえると、設定可能範囲を考慮しなければいけない。これは商品の原価を下限とし、消費者の受け入れ限界価格を上限とする。企業は価格設定可能範囲内で競争相手との関係や消費者心理などを考慮して価格設定をする。

次節以降では、京都の呉服メーカーと呉服小売企業が具体的にどのように価格設定をしているのかをみていく。

第3節　ケース（1）高田勝社による価格設定[8]

日本で最も多くの呉服問屋が集まり、古き良き日本の街並みが残る室町通りから歩いて5分ほどのところにある高田勝株式会社（以降、高田勝社と略す）は、1935年に呉服メーカーとして創業した。現在は3代目の高田啓史社長と従業員10名によって運営されている。2013年度の高田勝社の年商は2億円、その売上の60％は小紋と称される着物、25％は帯、15％は小物によって構成されている。取引相手の90％は呉服問屋であり、残りの10％は呉服問屋だった小売店である。

小紋の専門メーカーである高田勝社の商品は、カーネーション（NHK）や剣客商売（フジテレビ）などの人気テレビ・ドラマでも使用される優れたものである。高田勝社の強みは、伝統を踏まえた現代風のデザイン能力とどのようなデザインでも高い技術をもって、反物（たんもの）に反映させる職人との良好な関係にある。

新商品の多くは、消費者ニーズを積極的に汲み取るマーケット・インではなく生産者の自由な発想によるプロダクト・アウトの考えを用いる。その理由は、

写真 6-1　高田勝社の 2014 年作品
左：江戸時代の霰（あられ）模様
右：洒落を利かせた現代風霰模様

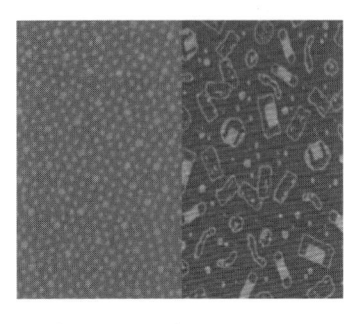

写真 6-2　とても気さくな高田啓史社長とその作品

出所）筆者撮影（2014 年 3 月 25 日，高田勝社にて）

顧客ニーズ調査をしても，既存商品のデザインと近似した調査結果しか得られないからである。そこで，小紋がもっとも着用されていた江戸中期から末期のデザインからヒントを得て，現代風にアレンジする新商品開発法を採用している（写真6-1参照）。

こうした伝統を踏まえた現代風デザインを最も生かす生産技法で商品を製造する。当然生産技法によって製造原価が大きく変動する。高田勝社はこのような製造原価の変動を抑えるよりもデザインが最も映える生産技法にこだわる。その理由は，着物は親世代から子世代に渡って着用されることもあるからである。

小紋作りへの熱い思いがある高田勝社は，コストに基づいた価格設定法を用いている。製造原価を規定する要素は2つある。ひとつは前述した生産技法である。もうひとつは販売予測数量である。一般的に一枚一枚手描き染め（友禅）する方が型を使う（型染め）時よりも製造原価が高いと思われるが，多品種少量生産が主流な着物業界ではこれが絶対的な常識にはならない。

大量生産をする際には型が生産効率性を上げるのに対し，少量生産の場合には型の製造費用が高い固定費となる。つまり，販売枚数によっては，1枚1枚手描き染めした方が安く製造できる場合も多いということだ。

型染め製品を商品化するか否かを確定するために、販売予測数が検討される。その精度を高めるため、常時社員2名が小売店のサポートに関わり、さまざまな情報を収集している。

価格決定の過程として、まず固定費と変動費を把握する。次に生産数量（ロット数）ごとの生産コストを算出し、自社の利益を加えた呉服問屋への販売価格を前提に小売価格を予想する。最後に、さまざまな情報に照らし合わせて、総合的に検討して目標販売数量と問屋への販売価格を決定する。

前節の価格設定理論に照らし合わせると、高田勝社は固定費の割合が低い（型を用いない職人による手描き染め）呉服に対してはコスト・プラス方式を、固定費の割合が高い（型染め）呉服に対しては損益分岐点方式を用いている。

第4節　ケース（2）京都シルクグループによる価格設定[9]

京都最大の繁華街がある四条通から新町通に少し入ったところに、京都シルクグループの本社がある。京都シルクグループのルーツは、1939年に丹後ちりめん白生地卸商を始めた田中善七から辿ることができる。その後は、呉服の卸売をするタナカゼン商事（1979年）、タナカゼン商事の小売部門としての京都シルク（1980年）、着物のネット小売販売をする京都きもの市場（2001年）を設立し、今日の小売専門の京都シルクグループを形成した。

2013年度の京都シルクグループの年商は25億5,000万円弱、従業員は95人である。売上内訳は、京都シルクが13億8,000万円弱、京都きもの市場が11億7,000万円弱である。京都シルクと京都きもの市場への商品供給を一手に引き受けるタナカゼン商事は、グループ戦略の統括機関である。

京都シルクグループは、3代目の田中敬次郎社長のもとで「世界中の着物ファンに愛されるTOP企業」を目指すための企業ミッション、ビジネス・モデル、さまざまな長期事業計画を打ち出している。こうしたグループ計画を着実に実行していくために、タナカゼン商事は存在する。

京都シルクと京都きもの市場で販売されているすべての商品は、両社の店長

写真 6-3　展示販売の一風景（京都シルク）

出所）京都シルク HP（http://www.kyotosilk.com/tenjikai/（2014 年 7 月 17 日アクセス））

とバイヤーがタナカゼン商事に仕入れを依頼する。直接両社が商品を仕入れるのではない。タナカゼン商事は，両社の在庫回転率やメンテナンスコストなどの事業リスクの相違を考慮して，異なる利益率を加えた卸値で卸す。この利益は，両社の商品が売れ残った際の買取リスクや商品のメンテナンスコストおよび全社戦略に充てられる。

　このビジネス・モデルは一見非効率的にみえるが，魅力ある品揃えの維持と従業員のモチベーションを高める側面からみると非常に効率的である。これは，タナカゼン商事が在庫リスクを請負うことによって，両販売会社が在庫を気にせず常に魅力ある品揃えと販売に集中できることと，複雑な在庫計算がない分，各店舗やバイヤーの業績が明確に表れやすいため，彼らの経営への参画意識とモチベーションを高めることに由来する。

　現に両社は，実に優れた再販売機能を果たしている。京都シルクにおける社員 1 人あたりの売上額は，業界平均の 2.1 倍に上る。2001 年に始めた京都きもの市場のネット販売も急成長している。京都シルクグループのこうした成長を支える柱はタナカゼン商事の戦略的な役割と両社の店長兼バイヤー，営業員，バックオフィサーによるものである。

　京都きもの市場の運営しているネット通販サイト「京都きもの市場」にて販

売している半数の商品は，タナカゼン商事を通じて問屋・メーカーより買い取り仕入れをした商品である。残りの半数は，タナカゼン商事からの委託仕入である。一方，京都シルクの80％の商品は，タナカゼン商事を通じての買い取り仕入れ，残りの20％がタナカゼン商事からの委託仕入である。買取商品，委託仕入商品に関わらず，両社の商品はすべてバイヤーのセンスと経験，および緻密なデータに基づいて仕入れたものである。

　ここで注意すべき点は，京都シルクグループの価格設定はマーク・アップ方式だと断定してはならない。バイヤーが仕入する際には，まず消費者の購買傾向と消費者の受容価格から考える。次に予定小売価格からタナカゼン商事からの仕入価格を差し引いて，見込利益を算出する。見込利益から諸経費を差し引いて，仕入するか否かを決定したり，場合によってはメーカーと再度価格交渉する。

　このように京都シルクグループの価格設定は，2段構えになっている。1段目はタナカゼン商事がマーク・アップ方式による価格設定をし，2段目は京都シルクと京都きもの市場が需要に基づいた価格設定をする。しかし，京都シルクと京都きもの市場のバイヤーは，市場での販売価格を考えてから，利益を計算し仕入れるか否かを決定する点に着目すれば，京都シルクグループの商品に対する価格設定は需要に基づいた価格設定だとも理解できる。

謝　辞

　本章執筆に際し，高田勝株式会社の高田啓史社長と京都シルクグループの田中敬次郎社長に大変貴重なお話を伺った。ここに改めてお礼申し上げる次第である。

注

1) 菊池一夫「価格戦略」伊部泰弘・今光俊介編著『経営学の基本』ニシダ出版，2012年と竹内慶司・片山富弘編著『市場創造　改訂版』学文社，2011年を参照して作成。
2) 竹内慶司・片山富弘編著，同上書とフィリップ・コトラー著，村田昭治監修，小坂恕・疋田聰訳『マーケティング・マネジメント』プレジデント社，1983年を参照して作成。

3) 東京新聞 2014 年 3 月 4 日朝刊。
4) 竹内慶司・片山富弘編著，前掲書，111 頁。
5) 菊池一夫，前掲書とコトラー，前掲書を参考して作成。
6) 同上書，336 頁。
7) 池尾恭一・青木幸弘・南知恵子・井上啓浩『マーケティング』有斐閣，2010 年を参照して作成。
8) 本ケースは 2014 年 3 月 25 日 13 時から 15 時の間に，高田勝社の高田啓史社長への聞取り調査と，ネット上にある高田勝社および高田啓史社長に関係する記事をもとに作成した。
9) 本ケースは 2014 年 3 月 26 日 12 時から 14 時の間に，京都シルクグループの田中敬次郎社長への聞取り調査と，京都シルクグループの HP をもとに作成した。

参考文献

小川孔輔『マーケティング入門』日本経済新聞出版社，2009 年。
三上富三郎編著『新現代マーケティング入門』実業出版，1989 年。

第7章　消費者の価格概念

第1節　消費者にとっての価格とは

　現代社会において，消費者は自らの労働や金融資産の運用を通じて収入を獲得する。その収入で商品を購入し，消費することによって自らの欲求を満足させている。収入という制約を受けるので，ある商品の購入は，他の購入の放棄を意味する。このため消費者は，支出に対して慎重になり，できるだけ多くの満足を得ようとする。

　こうした消費によって得られる満足の他に，人の合理性と不合理性を同時に認める心理学の知見からセイラー[1]は，取引効用を提唱した。取引効用とは，消費者の評価価格（消費者がある商品に対して支払っても良いと考える金額）と実売価格（実際に支払った金額）との差額によって得られる満足である。例えば，通常120円程度で購入していた菓子を68円で購入できた場合，多くの消費者は菓子を食べる満足の他に，安く購入できたことに対する満足も得ている。

　この取引効用の高低は，消費者の評価価格と実売価格の差額によって影響される一方で，評価価格に対する値引率からも影響される[2]。例えば，通常2万円であるA商品と，20万円であるB商品がそれぞれ1万円値引きされていたとする。値引き額だけを見れば，同じ取引効用を得ているように考えるかもしれないが，多くの消費者はAの方が得であると，すなわち取引効用が高いと感じる。その理由は，同額の値引きであっても，値引率が5%のB商品よりも50%のA商品の方が得だと消費者が感じるからである。

　この取引効用の提唱によって，消費者の評価価格，すなわち参照価格についての研究が注目されるようになった。従来の商品から得られる満足の向上を目

指す方法は,製品政策を説明する諸章(第3章から第5章)に任せるとし,本章は取引効用と密接に関係する参照価格とそれに影響を及ぼす諸概念について説明する。

第2節 参照価格

参照価格は,消費者が購買時に「この商品はこの程度の値段だろう」と考えるときの価格のことである。消費者は参照価格を用いて,実売価格の高低や妥当性を判断する。それでは,この参照価格はどのように形成され,用いられるのだろうか。

1. 参照価格の形成

参照価格の形成において,重要なキーワードは解釈と記憶である。解釈とは,「人が自分の行動やまわりの環境を理解したり意味づけを行う過程のことである」[3]。一方の記憶とは,情報を脳内に留めることである。それには感覚記憶,短期記憶,長期記憶の3種類がある。感覚記憶は,私たちが意識できないほど数分の1秒の記憶である。短期記憶は,一定期間しか記憶されないものである。長期記憶は,ほとんど忘れられることのない記憶である。

この3つの記憶は,以下のような形で脳内に採り入れられる。外部から入ってくる多くの情報は,まず感覚記憶に記憶される。その一部は自身の関心に関わると知覚されると,短期記憶に移される。そして,繰返し使用されるにつれて,忘却が先送りされ,やがては長期記憶に転送される[4]。

上記の記憶と解釈概念を参照価格の形成に当てはめると以下のようになる。参照価格を形成するには,まずある商品が欲しいという欲求が必要である。次に,その欲求に関係すると知覚された価格情報は短期記憶に移され,解釈が加えられ,参照価格が形成される。これは外的参照価格と呼ばれる。

それに対して,「ある商品が欲しい,購入しよう」と考えるときに,外部の価格情報を頼りにせずに,記憶から引き出す場合もある。この場合は,内的参

照価格と呼ばれる。

　内的参照価格と外的参照価格の相違点は二つある。一つ目は，購入を検討した時点で記憶のなかに参照価格が存在するかしないかである。二つ目は，形成された参照価格を記憶する場所の相違である。一般的に，外的参照価格は短期記憶に，内的参照価格は長期記憶に記憶されている。

　現実の購買活動では内的参照価格と外的参照価格を使い分ける人は少ないであろう。例えば，フラッシュメモリやSDカードなどの記憶媒体を多用する筆者は，メモリを買うたびに，価格の下落に驚きを覚える。これは，1G当たりの1年前の価格（約500円）と現在の価格（60円強）を比較しているためである。支出に対して慎重な筆者は，総合スーパーやウェブサイドに展示されたメモリを複数調べたうえに，製品内容や価格差，郵送費および緊急性を総合的に考慮して，ひとつに絞り込んで購入する。このように，購入を検討した当初は，1年前の内的参照価格を用いたとしても，探索活動を行うに連れて，外的参照価格も用いるようになることもよくある。

　現実の世界では，商品別に内的参照価格と外的参照価格を使い分けて買い物をすることは皆無である。多くの人は，区別することなく無意識のうちにどちらかの参照価格を用いる。それだけでなく，購買意思決定の過程において両参照価格は共に変更されることもよくある。

2. 内的参照価格の特徴

　上記のように，参照価格は内的参照価格と外的参照価格によって構成される。本項では，内的参照価格の特徴を説明する。

(1) 内的参照価格の多様性

　内的参照価格は，多くの種類が存在する。消費者は，無意識のうちに自らがもつ商品情報や置かれている環境，または商品特性などに合わせて異なる内的参照価格を用いる。

　例えば，商品知識を有する消費者は，この商品ならこの価格が公正であろう

という内的参照価格（公正価格）を用いる。一方，商品知識を十分有していない消費者が商品を再購買するときは，前回購買した価格を内的参照価格（前回購買価格）として用いることが多い。

このように同じ記憶の中から引き出された内的参照価格でも，その記憶された価格の中身と使用される場面は大きく異なる。上記の他に期待価格や通常価格，平均的な市場価格などの内的参照価格も存在する（表7-1参照）。このような多様性が内的参照価格の第1の特徴である。

表7-1　内的参照価格の諸定義

公正価格	消費者が，過去の価格履歴，知覚品質，及び売り手の費用を考慮した上で，この価格が公正であろうと考える価格。
受容可能な最低価格	消費者が，これ以下の価格では品質が劣ると考える価格。
受容可能な最高価格	消費者が，これ以上の価格では高すぎると考える価格。すなわち，消費者が支払ってもよいと考える最高価格。
最低市場価格	消費者が，市場において観察したことがあると考える最低の価格。
最高市場価格	消費者が，市場において観察したことがあると考える最高の価格。
平均的な市場価格	消費者が，市場において観察した価格に基づいて考える，平均的な価格。
通常の価格	消費者が，通常，この価格で販売されていると考える価格。すなわち，消費者が市場においてもっともよく観察すると考える価格。
期待価格	消費者が，将来，売り手によって提示されるだろうと考える価格。

出所）斎藤嘉一「内的参照価格の更新に関する研究の現状と課題」『学習院大学大学院経済学研究科・経営学研究科研究論集』第7巻臨時増刊号，1997年，69-70頁より作成。

(2)　内的参照価格の幅

　内的参照価格のもう一つの特徴は，記憶した価格情報のあいまいさである。内的参照価格は，「都営バスにおける一回の乗車料金は200円だ（消費税増税後は210円）」というように正確に記憶されることが少ない。多くの場合は，「スーパーの1リットルの牛乳パックは大体170円から200円くらいで，特売のときは150円前後だろう」というように記憶されている。言い換えれば，記憶された内的参照価格には幅がある。

　この内的参照価格の幅は消費者の特性によって異なる。これまでの研究によれば，同一カテゴリー商品や特定商品に対する内的参照価格が他の消費者よりも割高に記憶している人物は，価格に対して敏感でない可能性が高いので内的

参照価格の幅が広い。同様に特定商品に対するブランド・ロヤルティの高い人物は，価格よりもブランドを重視するため，内的参照価格の幅もやはり広い。一方，特定商品に対する購買頻度の高い人物は，商品とその価格についての情報を正確に把握している可能性が高いため，内的参照価格の幅が狭いと考えられている[5]。

3．外的参照価格の特徴

第1項の「参照価格の形成」で説明したように，内的参照価格は外的参照価格を前提にしている。ただ，すでに内的参照価格が存在しているときに，たとえ外部の価格情報に反応したとしても，新たな参照価格（外的参照価格）が形成されないときもある。

新たな参照価格（外的参照価格）を形成するためには，市場で観察した価格への消費者の信用が必要である。この信用は，市場で観察した価格が消費者のもつ期待された市場価格の範囲に収まっていることによって生じる。

期待された市場価格は，「この価格範囲内であればとりあえず信用できるだろう」という消費者の価格概念である。そして，期待された市場価格の範囲は，「この商品なら，このくらいであろう」という内的参照価格と，その価格幅よりも広い受容可能価格すなわち「この商品を買うなら，この価格範囲内に入っていなければならない」という価格概念よりも価格幅が広い[6]。

例えば，ある消費者のパソコンに対する参照価格が40,000〜50,000円で，期待された市場範囲価格の下限が20,000円だとする。25,000円のAパソコンと10,000円のBパソコンを比較した場合，この消費者の期待された市場範囲価格は，Aを「安いので買い得商品だ」と感じさせる一方で，Bは「安すぎるので絶対に何か問題がある」と感じさせる。その結果，Aパソコンの価格はこの消費者の外的参照価格の形成を促進し，Bパソコンの価格はそれを抑制した。こうした市場価格に対する消費者の信用が外的参照価格の形成に影響を及ぼすことは，外的参照価格の特徴のひとつである。

外的参照価格のもうひとつの特徴は，よく消費者に利用されるという点であ

る。例えば, メイヒューとワイナー[7]はヨーグルト, 白井[8]はインスタントコーヒー, そしてラジェンドランとテリス[9]はクラッカーを対象に, 内的参照価格と外的参照価格の使用頻度についての実証研究を行った。いずれの結果も, 外的参照価格が消費者により多く利用されていることを示した。

　もちろんこうした研究結果は内的参照価格が無意味だという結論を導くのではない。正確にはどちらの参照価格を用いるかは, ブランド・ロヤルティや購買頻度といった消費者の特性に依拠する[10]。

　言い換えれば, 拘りをもつ商品や頻繁に購入する商品ほど, 消費者はその商品特性と価格についての記憶を増加させ, 内的参照価格を多く用いることになる。しかし, 現実ではこうした商品は, 私たちが使用する全商品の少数しか占めないため, 結果として外的参照価格の使用頻度が高くなる。

第3節　文脈効果

　前節では, 参照価格の形成およびその特徴について説明した。本節では, 異なる参照価格をもつことすなわち参照価格の個人差について説明する。

　参照価格の個人差は, 個人が置かれた文脈すなわち時間（個人の消費経験や情報提示順序）と空間（個人が置かれた購買環境）の相違から説明される。以降, 前者にはバックグラウンド効果を, 後者には魅力効果と妥協効果を取り上げる。

1. バックグラウンド効果

　バックグラウンド効果では, 異なる情報の獲得順序と購買経験が, 異なる参照価格の形成をもたらすことを説明する。

　例えば, あるサラリーマンが百貨店でA店員から1着15万円の高品質・高価格のスーツを紹介されたとしよう。彼は, そのスーツが高額すぎるのでもっと安いものを店員に要求した。すると, A店員は紹介するスーツの品質と値段を順次下げた。最終的に, 彼は7万円のスーツを購入した。何年か後, このサラリーマンは同じ百貨店の同じ売場へスーツを買いに行った。その時のB

店員は，品質と価格が比較的低い3万円のスーツをまず紹介した。彼は，品質が低いため見た目が悪くなるのではないかと考え，もう少し良いスーツを紹介するように要求した。すると，B店員はより高品質・高価格のスーツを順次に紹介した。その結果，彼は5万円のスーツを購入した。

杉田らは，この結果の違いを消費者への情報提示順序の相違から説明している[11]。彼らによれば，A店員は最初に高品質・高価格のスーツを紹介したため，このサラリーマンは品質に対してより強く印象をもつようになり，参照価格が高められ，7万円のスーツを購入した。一方のB店員は最初に低品質・低価格のスーツを紹介したため，今度は価格に対する印象がより強くなり，参照価格が低められ，5万円のスーツを購入した。

この情報提示順序の相違と同じ論理で，消費者の情報獲得順序または購買経験の相違も，参照価格の個人差を説明することができる[12]。

2. 魅力効果

バックグラウンド効果は，情報提示順序および購買経験という時間軸から参照価格の個人差を説明しようとしているのに対し，魅力効果と妥協効果は，購買環境という空間軸からその差を説明しようとしている。本項では，購買環境を形成するのひとつの要素である品揃えが，消費者の購買行動と参照価格に及ぼす影響について見ていく。

魅力効果は，品揃えの相違が消費者の購買行動にどのような影響を及ぼすのかというシモンソンとトヴァスキーが行った実験の中で説明されている[13]。彼らはまず120人の被験者に5種類の電子レンジの説明書を読ませ，電子レンジの機能を理解させた。次に，被験者を二つのグループに分け，Aグループ（60人）には高品質・高価格のパナソニックIと低品質・低価格のエマーソンの電子レンジを置き，Bグループ（60人）にはAグループと同様のパナソニックIとエマーソンに加え，パナソニックIとほぼ同品質だが，価格はパナソニックIより高額のパナソニックIIを置いた。最後に，それぞれのグループの被験者に購入したいものをひとつ選択させた。その結果，Aグループでは，エマー

ソンを選択した人数が少し多いという結果になったが，Bグループでは，パナソニックIを選択した人数がエマーソンのそれを大きく上回った（表7-2参照）。

表7-2　魅力効果についての調査結果

	製品条件	Aグループ	Bグループ
エマーソン	低品質・$109.99	57%	27%
パナソニックI	高品質・$179.99	43%	60%
パナソニックII	高品質・$199.99	—	13%

出所）Simonson and Tversky "Choice in Context : Tradeoff Contrast and Extremeness Aversion", *Journal of Marketing Research,* Vol.29 No.3, 1992, p.287.

シモンソンとトヴァスキーは，両グループの購買行動の違いを品揃えの相違から生み出された選択集合の有無に求めた。選択集合は，消費者の商品選択を説明するためのキー概念である。消費者は，情報処理の負荷を軽減するために，特徴が類似した商品を2から5個をひとつの選択集合にしてから，商品を選択する[14]。当然，特徴が大きく相違する商品が同じ選択集合に入ることはない。平たく言えば，選択集合とは消費者が認識する商品特徴に沿った商品分類である。前述した例では，パナソニックIとパナソニックIIがひとつの選択集合に該当する。

彼らによれば，消費者は選択集合を持たない商品よりも選択集合をもった方が魅力的に見える。そのため，ともに選択集合をもたなかったAグループでは，消費者の選択がほぼ半々に分かれたのに対し，Bグループでは，選択集合の中でより高満足をもたらすパナソニックIに選択が集中した。

この品揃えの相違によって生み出された選択集合の有無または相違は，参照価格の相違を生み出し，このことを魅力効果と呼ぶ[15]。

3. 妥協効果

魅力効果は，消費者が認識する選択集合の有無または相違から参照価格の個人差について説明するのに対し，妥協効果は，消費者の損をしたくない気持から説明する。例えば，商品の選択に迷った時の私たちは，無難に品質と価格が共に高くもなく，低くもない中間に位置するものを選択することがよくある。

これは迷った時に生じる損をしたくない気持が，両極ではなく中間に位置する商品を選択させている。このような損をしたくない気持が，購買行動と参照価格に影響を及ぼすことを妥協効果と呼ばれている。

妥協効果もシモンソンとトヴァスキーの研究成果のひとつである[16]。彼らは，魅力効果の実験を行った際の手順と同じように，まず商品機能を全被験者に理解してもらってから，被験者を，価格と品質が正比例になる異なる2種類の選択肢をもつグループと，同じく正比例になる異なる3種類の選択肢をもつグループに分け，両グループの被験者の選択を観察した。この実験はカメラや計算機，計算機のバッテリー，ポータブルグリルという複数の商品にわたって実施されている。その結果，3種類の選択肢を有するすべてのグループで，中間に位置する商品が一番多く選択されたということになった[17]。

第4節　商品を判断する商品価格

第3節までは，商品をある程度理解した消費者の参照価格およびそれを変化させる文脈効果について説明した。しかし，商品の良し悪しの判断が難しく，またはその判断を最初から放棄した消費者にとって，価格は商品の良し悪しのシグナルとなる。

例えば，車についての知識がほとんどないある父親は，自ら設定した車種や年式，走行距離という条件をクリアした中古車の中から一番値段の高いものを選択して購入した。その理由は，「家族も一緒に乗るので安全性の最も高い車を選んだ」と説明した。この父親にとって中古車の価格は，自らの参照価格に沿って高いか安いかを判断するための価格ではなく，商品品質（車の安全性）を判断するためのシグナルであった。

また商品の品質を理解しているにもかかわらず，価格を表現基準のひとつとしてとらえ，商品を選択するときもある。例えば，東南アジアの企業家の多くは，海外からの顧客を迎えに行く時には運転手付のベンツを使用するが，自ら車を利用する際はレクサスを用いる。彼らによれば，ベンツは衝突時の安全性を重

視するため，車体が重く燃費が悪い。そして東洋人より体重の重い西洋人に合わせた車内設計であるため，座り心地も悪い。しかし，ベンツは高級車というイメージが定着しているため，運転手付のベンツで送迎すると周囲から注目され，顧客に喜ばれる。それと同時に自社は十分な資本をもち，取引に問題がないというイメージのアピールにも繋がる。したがって，東南アジアの企業家たちは，ベンツを自家用車として好まないが，顧客の送迎車としては愛用する。

このベンツとレクサスの使い分けは，消費者がベンツの品質を理解していないことによってもたらされたのではない。これは消費者が商品に込められた高級感と高価格をアピールポイントすなわちステータスの表現基準として利用した結果である。

第5節　ケース：京都における消費者

京都では一串200円近くもする団子や3,000円近くの昼食を食べる旅行者を見かけることは珍しくない。また，通常の3倍も高額な京漬物を高いと思わずに土産として購入する旅行者も多く見られる。しかし，京都住民はこのような高価な団子や昼食，京漬物を購入することがほとんどない。このような差は，なぜ生じるのだろうか。その理由の一部は，これまで説明した消費者の価格概念にある。本節では，旅行者の購買行動と参照価格を考察する。

旅行者が京都住民にあまりみない高額の支出をする理由は，参照価格の相違にある。これは，両者がいつもの生活で用いられ参照価格の相違にではなく，置かれた文脈の違いに由来する。言い換えれば，「旅行者が日常的に用いる昼食の参照価格が京都住民のそれよりも高いため，3,000円の昼食を難なく受容できた」という参照価格の相違ではなく，「旅行だから金額をあまり気にせずに楽しくやろう」，または「行楽地だから多少高額でも仕方ない」という旅行者が置かれた非日常的な文脈から生じた差と考えた方が合理的である。

それでは，旅行という文脈は旅行者にどのような参照価格をもたらすのだろうか。ひとつは，過去の旅行経験に依拠した参照価格である。例えば，国内で

写真 7-1

観光客向けのお団子屋さん　　京都住民がふだん買い物をする場所

出所）長谷雅春撮影（2014年7月24日，京都にて）

の旅行経験をもつ人であれば，土産価格の相場は 1,000 ～ 2,000 円くらいだということを理解している。こうした経験が，土産の参照価格となる。そのため，いつもスーパーでは 300 グラム 298 円くらいの値段で購入していた漬物でも，土産となれば 1,000 円になってもさほど高いと思わない。

　もうひとつは，情報不足のなかで形成された参照価格である。旅行者にとって安い商品を購入することよりも行楽地を楽しむことの方が重要である。そのため，彼らは行楽地での貴重かつ限られた時間を安い商品の探索に多くかけない。その結果，旅行者は限られた選択肢の中で非日常的の参照価格を形成し，購入の意思決定を行う。

　両参照価格は，旅行という文脈の中で生まれるという点では一致するが，用いる参照価格は異なる。前者はこれまでの購買経験すなわち内的参照価格を用いるのに対し，後者は限られた情報の中で形成された外的参照価格を用いる。

注
1) Thaler, R., "Mental Accounting and Consumer Choice," *Marketing Science*, Vol.4, No.3, 1985, pp.199-214.
2) セイラー，リチャード著，篠原勝訳『セイラー教授の行動経済学入門』ダイヤモンド社，2007年。
3) 杉本徹雄『消費者理解のための心理学』福村出版，1997年，96頁。

4) 同上書, 104-108頁。
5) 上田隆穂『マーケティング戦略』有斐閣, 1999年, 135-136頁。
6) Lichtenstein, D. R. and Bearden, W. O., "Contextual Influences on Perception of Merchan-Supplied Reference Prices," *Journal of Consumer Research*, Vol.16, No.1, 1989, pp.55-66.
7) Mayhew, G.E. and Winer, R.S., "An Empirical Analysis of Internal and External Reference Price Using Scanner Data," *Journal of Consumer Research*, Vol.19, No.1, 1992, pp.62-70.
8) 白井美由里「消費者の価格の期待に関する実験的研究」『マーケティング・サイエンス』Vol.7, No.1・2, 1998年, 1-20頁。
9) Rajendran, K.N. and Tellis, G.J., "Contextual and Temporal Components of Reference Price," *Journal of Marketing*, Vol.58, No.1, 1994, pp.22-34.
10) 中村博・佐藤栄作・里村卓也「消費者の価格意識（1）―割安感の発生メカニズム―」『流通情報』第333号, 1997年, 37頁。
11) 杉田善弘・上田隆穂・守口剛編著『プライシングサイエンス』同文舘出版, 2005年, 186頁。
12) 購買経験の相違による参照価格の相違の事例は, 上田隆穂, 前掲書, 137-139頁を参照。
13) Simonson, I. and Tversky, A., "Choice in Context : Tradeoff Contrast and Extremeness Aversion," *Journal of Marketing Research*, Vol.29 No.3, 1992, pp.281-295.
14) 杉田善弘・上田隆穂・守口剛編著, 前掲書, 86-87頁。
15) 魅力効果についての詳細な説明および事例は, 新倉貴士『消費者の認知世界』千倉書房, 2005年, 121-126頁を参照。
16) Simonson, I. and Tversky, A., *op.cit.*, pp.281-295.
17) *Ibid.*, pp.289-290.

参考文献
青樹道代「価格と消費者心理」, 上田隆穂・守口剛編『価格・プロモーション戦略』有斐閣アルマ, 2004年。
斎藤嘉一「内的参照価格の更新に関する研究の現状と課題」『学習院大学大学院 経済学研究科・経営学研究科 研究論集』第7巻臨時増刊号, 1997年, 67-84頁。
中村博・佐藤栄作・里村卓也「消費者の価格意識（3）―消費者の価格に対する記憶―」『流通情報』第336号, 1997年, 4-17頁。

第8章 マーケティング・チャネルの選択

第1節 マーケティング・チャネルの選択の重要性

　製造業者から最終消費者まで製品を流通させるプロセスはマーケティングの重要な部分である[1]。製造業者にとってマーケティング・チャネルは製品，価格およびプロモーションといった他のマーケティング・ミックスの意思決定領域とは異なり，卸売業者や小売業者といった複数の諸企業から構成される場合が一般的である。そのため，ある一定の期間，契約をもとに他の諸企業と取引関係を継続することが前提になる[2]。したがって，何か経営的な課題が生じた場合であっても，マーケティング・チャネルを迅速かつ容易に変更することが難しいといえる。こうしたことから製造業者にはマーケティング・チャネルの慎重な選択や管理が求められる領域である。例えば，マーケティング・チャネルをいくつ活用すべきか，各流通段階でどのくらいの数の中間業者が存在すべきなのか，そしてどのように中間業者を選ぶべきか等の互いに関連しあう諸問題にマーケティング意思決定者は直面することになる。自社製品の標的市場に対する市場インパクトを高めて，利益を獲得していくためにも，製造業者は有効なチャネルを選択し，組織化することが求められるといえる[3]。

　さらに，一般的には現代の製造業者は単一のマーケティング・チャネルを活用するというよりはむしろ複数のマーケティング・チャネルを活用して製品を流通させている。現実的な問題として複数のマーケティング・チャネルを設計する際に留意すべき点は何であるかということを究明すべきである。

　本章は，製造業者のマーケティング戦略において策定されるマーケティング・ミックスの4Pの中で，プレイス（Place），すなわちチャネルの問題を取り上

げる。その中でも製造業者の立場から，主にマーケティング・チャネルの選択の問題を中心に検討していく[4]。まず第2節では，マーケティング・チャネル戦略のフレームワークを概観する。第3節ではどのような諸要因が作用して直接流通が選択され，また間接流通が選択されるのかについて検討する。続く第4節ではマーケティング・チャネルの段階の数を検討して，直接流通および間接流通を取り上げる。そして第5節では複数のマーケティング・チャネルの展開を対象にして，ケースとして，京都府を創業の地としたグンゼ株式会社を取り上げ，同社の複数のマーケティング・チャネルの展開についてその意義を考察する。

第2節　マーケティング・チャネル戦略のフレームワーク

製造業者は自社独自のマーケティング・チャネルを構築していることが多い。製造業者は消費者ニーズを充足するとともに，競争優位をマーケティング・チャネルによって追求する。ここではスタントンらのマーケティング・チャネル戦略のフレームワークに従って議論を進めていく[5]。

1. マーケティング・ミックスにおけるマーケティング・チャネルの役割の計画化

マーケティング・チャネル戦略は，4Pから構成されるマーケティング・ミッ

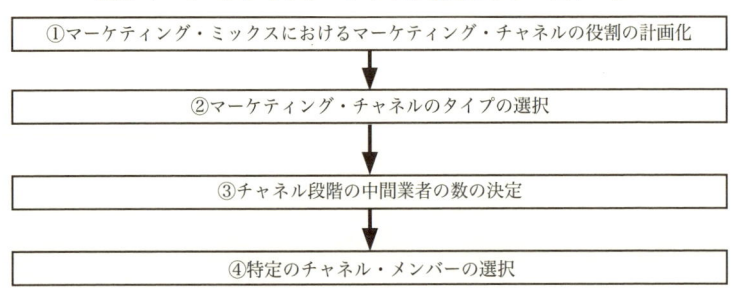

図8-1　マーケティング・チャネル戦略のフレームワーク

①マーケティング・ミックスにおけるマーケティング・チャネルの役割の計画化
↓
②マーケティング・チャネルのタイプの選択
↓
③チャネル段階の中間業者の数の決定
↓
④特定のチャネル・メンバーの選択

出所）Stanton,W.J., M. J. Etzel and B.J.Walker, *Fundamentals of Marketing Tenth Edition*,McGraw-Hill,1994.p.366を一部，加筆・修正した。

クスの整合性に基づいて策定される。まず製造業者のマーケティング目的が設定され，それを達成するために製品，価格，プロモーションそしてマーケティング・チャネルの計画が策定される。

2. マーケティング・チャネルのタイプの選定

　全体的なマーケティング計画の中でのチャネルの役割が決定されると，企業の製品に最も適合するチャネルが検討される。製造業者は中間業者をチャネルで活用すべきかどうか，そしてもし活用するのであれば中間業者としてどのようなタイプのものを活用するのかを決めることになる。つまり，ここではマーケティング・チャネルの経路の段階の数，利用すべき中間業者のタイプ，そして利用すべきマーケティング・チャネルの数が決定される。

　マーケティング・チャネルの段階の数は，利用できるマーケティング・チャネルに介在する中間業者の段階数を意味する。つまり直接流通か間接流通かという問題である。間接流通を選択した場合，中間業者のタイプとは，例えば小売段階であれば，百貨店，スーパーマーケットなどのさまざまな営業形態からなる小売業者が存在している。ここで標的市場にアクセスするためにはどのような営業形態を通じてマーケティング・チャネルを設計するのかということである。そして，利用できるマーケティング・チャネルの数とは，製造業者から最終消費者までのマーケティング・チャネルのパターンである。例えばある製造業者は自社からスーパーマーケットまで直接販売するルートと，卸売業者を通じてCVSに販売するルートを有する場合がある。

3. チャネル段階の中間業者の数の決定

　次の段階は各チャネルの段階での中間業者の数にかかわるものである。つまり，特定の販売領域における小売段階および卸売段階の中間業者の数に関するものである。標的市場の消費者の行動や製品の特性がここでの決定に影響する。以下に3つのマーケティング・チャネル政策を挙げることができる[6]。

(1) 開放的チャネル政策

開放的チャネル政策は集約的チャネル政策とも呼ばれる。この政策は特に販売先の数を限定せずに、信用が十分にある限り、取引を求めるすべての販売先に対して開放的に販売するものである。この開放的チャネル政策は最寄品に当てはまりやすい政策であり、広範囲の多数の販売店を対象にしている。他方で注文量が少なく、中間業者に対して自己の製品の優先的な販売を求めることが難しいといえよう。

(2) 選択的チャネル政策

選択的チャネル政策は特定の販売領域に一定限度の中間業者を計画に基づいて選定し、それらの中間業者に自己の製品を優先的に販売させていく政策である。ここでの計画とは、中間業者の販売能力、注文量、代金決済能力などの諸要件に関して、事前に設定した基準に基づき計画的に選定することを意味する。この選択的チャネル政策は、開放的チャネル政策と比較して限定された中間業者を選定するので、限られた販売先に販売努力を集中できる。

(3) 専売的チャネル政策

専売的チャネル政策は、特約販路政策や専属代理店政策とも称される。ここでは特定の領域に１つの中間業者を選定し、その中間業者のみに自己の製品を販売させる政策である。そこでは製造業者による指導や援助が十分に行われる。この政策の目的は中間業者に自社製品に大きな関心を抱かせ、一層の販売努力を発揮させ、売上の増大を図るものである。

このように、開放的チャネル政策から専売的チャネル政策に移行するにしたがって、製造業者は中間業者を管理しやすくなっていく。

4. 特定のチャネル・メンバーの選定

最後の決定は、製品を流通させる特定の企業を選定することである。営業形態の各々のタイプごとに特定の企業が選択されることになる。例えば徳永は特定の販売業者を選定する基準として、販売店の概況、販売力、仕入れと在庫状態、財務状態、経営者の人柄などの諸事項について検討し、中間業者を選定す

ることを指摘している[7]。

第3節　マーケティング・チャネルの選択に影響を与える諸要因

　製造業者は期待される収益とコストを考慮して，マーケティング・チャネルを選択するにあたり，多様な影響要因が指摘されている[8]。その中で最も鍵となる要因は市場特性である。つまり，マーケティング・チャネルの設計は消費者の購買慣習によって大きく影響される。他の考慮要因は製品，中間業者そして企業，競争業者であり，ある程度，チャネル選択に影響を及ぼすことになる。

1．市場特性
（1）市場の類型
　最終消費者は業務用需要者とは異なって行動するので，複数のマーケティング・チャネルを通じて最終消費者にアクセスする必要がある。
（2）潜在的顧客の数
　顧客が少数である産業財の製造業者は，業務用需要者に直接的に販売するために自社の販売員を活用するだろう。
（3）顧客の地理的な分布
　顧客が特定の地理的領域に集中しているのであれば直接流通を用いたほうが経済的である。他方で消費財の製造業者のように，かなり多数の顧客がいて，地理的に分散し，少量で購入する場合には，中間業者を利用する傾向にある。
（4）注文量
　注文量が大きい場合には，直接流通が経済的である。しかし注文量が少ない場合には中間業者を用いたほうが経済的である。

2．製品特性
（1）単価
　製品の単価が安い場合には，間接流通を用いたほうが経済的である。他方で

単価が高い製品の場合には，人件費もカバーできるため直接流通が可能になる。

(2) 腐敗性

農産物のように物理的に腐敗しやすい商品や，ファッション製品の場合には，スピードが求められ，短いチャネルが適している。

(3) 製品の技術的な特性

高度に技術的な産業財は産業用使用者に直接流通される。それは顧客の要求に応じて製造業者は技術的サポートを提供しなければならないからである。

3. 中間業者の特性

(1) 中間業者によって提供されるサービス

製造業者は自分自身が経済的に提供できないマーケティング・サービスを必要とする場合，中間業者を選択すべきである。例えば，市場カバレッジなどの能力を必要にするため，新市場に参入する場合には中間業者を活用する。

(2) 望ましい中間業者の利用可能性

製造業者が好む中間業者を必ずしも活用できるわけではない。中間業者は競合製品を取り扱い，他の製品ラインを追加することを望んでいないかもしれない。

(3) 製造業者のチャネル政策に対する中間業者の態度

中間業者がチャネルへの参加を望まない場合，それは製造業者の政策が受け入れがたいと考えるからである。この場合，製造業者はチャネルの選択肢を制約されてしまう。また中間業者の中には，同じ販売領域で製品ラインを保有する他の競争業者がいないという保証があった場合に取り扱うものもいる。

4. 競争業者のマーケティング・チャネルの特性

通常，ある製造業者が市場に新規参入しようとすれば既存のチャネルを利用できない場合が多いといわれる。つまり既存の中間業者は，競争業者がすでに取引をしているために取引を開始するのに困難が生じることがある。したがって新規参入する場合には新たにマーケティング・チャネルを構築する必要性が生じる。

5. 自社特性

(1) チャネル統制への欲望

製品の流通を統制したいと望み，たとえ間接流通よりも直接流通のほうがよりコストがかかったとしても製造業者の中には直接流通を確立する者もいる。チャネルを統制することで，製造業者は積極的なプロモーションを達成し，製品在庫と小売価格をうまく統制できる。

(2) チャネル管理の能力

製造業者の有するマーケティングの専門性と管理能力がどのチャネルを利用すべきかについての決定に影響を与える。マーケティングのノウハウを有しない多くの製造業者が流通機能を中間業者に委ねている。

(3) 財務的資源

適切な財務的資源を持つ製造業者は自社の販売員を雇用し，教育することができ，自社倉庫を有することができる。財務的資源が十分ではない製造業者はこれらのサービスを提供するために中間業者を用いる。

第4節 マーケティング・チャネルの段階の数

マーケティング・チャネルはチャネル段階の数によって記述できる。製品と所有権を最終購買者に移転させる際にある流通機能を遂行する中間業者の各々は1つのチャネル段階である。製造業者と消費者は両者とも流通機能を遂行しているのでチャネルの部分になる。ここではチャネルの長さを示すために中間業者の段階数を用いる[9]。

・0段階チャネル

直接流通とも称され，消費者に直接販売する製造業者で構成される。直接販売には3つの主要な方法がある。それは訪問販売，通信販売および製造業者直営の小売店舗である。産業財の場合も製造業者と業務用需要者が直接流通を形成する場合が多く見受けられる。

・1段階チャネル

　これは1つの中間業者から構成される。消費財市場では，中間業者は典型的に小売業者である。産業財市場ではそれはしばしば販売代理業者などが介在する場合がある。

・2段階チャネル

　これは2つの中間業者から構成される。消費財市場では典型的に卸売業者と小売業者であり，産業財市場では流通業者である。

・3段階チャネル

　これは3つの中間業者から構成される。例えば食肉包装市場では，卸売業者と小売業者の間でジョバーが介在する。ジョバーは卸売業者から仕入れて小規模な小売業者に販売する。

　したがって，製造業者の観点からすると，段階の数が多くなればなるほど，統制力は弱まっていく。そしてチャネルの複雑さは高まっていく。

第5節　複数のマーケティング・チャネルの展開とそのケース

1. デュアル流通とその課題

　例えば，同じ商品が業務用需要者と消費者に販売されることがある。この場合，別個のマーケティング・チャネルが各々の市場を対象にして設計される。タイヤメーカーのように，自動車メーカーにタイヤを販売する場合と，小売店を通じて消費者に販売することが考えられる。しかし同一の標的市場に対して複数のマーケティング・チャネルを用いる製造業者もいる。これは「デュアル流通」と呼ばれるものであり，2つの意味をもつ[10]。1つは，ブランド製品を有する製造業者が2つ以上の競合するチャネルを通じてそのブランドを販売することである。2つ目としては，2つのブランドを有する，基本的には同じ製品を2つの競合するチャネルで販売することである。製造業者は単一のマーケティング・チャネルを利用するよりもデュアル流通を活用して一層の市場浸透を図ることができる。しかし，チャネル間の強力な競争が生じる場合には，

複数のチャネルの特定の中間業者を疎遠にさせてしまうリスクがある。例えば，インターネットによる直接流通を実現させるために効果的なウェブサイトを迅速に確立できると考える製造業者の中には，他のチャネルとの間に生じる混乱を解消するためにコストを必要としている[11]。

2. ケース：グンゼ株式会社のアパレル事業のマーケティング・チャネル戦略[12]

　これまで検討した製造業者のマーケティング・チャネル政策とそれに影響する諸要因について，本節では具体的な事例をみながら考えていく。本節で取り上げる企業はグンゼ株式会社である。グンゼ株式会社は，創業者の波多野鶴吉が1896年に京都府何鹿郡（現在の綾部市）にて郡是製絲株式会社を設立した。社名の「郡是」とは「郡の方針・進むべき道」という意味であり，当時，何鹿郡の主要な産業であった蚕糸業をレベルアップさせ，発展させることにあった。

　このようにグンゼ株式会社の当初の事業は製糸業であったが，現在は，機能ソリューション事業，アパレル事業，ライフクリエイト事業を展開している。今回，本節では同社のアパレル事業を対象にする。同社のアパレル事業はインナーウェア，ストッキングなどを製造，販売している。同社のマーケティング・チャネル政策としては，店舗販売と無店舗販売の分類があり，前者の店舗販売では百貨店・高級専門店ルート，量販店ルート（ナショナル・チェーン，リージョナル・チェーン，CVS，ホームセンター，ドラッグストア，カジュアル・スポーツ専門店およびその他）そして代理店ルート（代理店を通じて一般小売店に販売）がある。なお代理店とは，卸売レベルで選定された卸売業者を指す。

　後者の無店舗販売では，カタログ（グンゼ株式会社の通販カタログ，他のカタログ通販業者への販売），インターネット（グンゼ株式会社のサイト，インターネットのショッピングモールへの出店，ネット通販業者への販売）と直送（同社のお客様相談室が顧客から相談を受けたものを通販部門に注文を移し，直接，顧客まで商品を発送する）がある。

　同社のアパレル事業の標的顧客層は幅広く，その中でも高齢者層の割合が高いといわれる。また同社は幅広い顧客層を対象にして市場カバレッジを高める

ために，小売レベルでは開放的なマーケティング・チャネル政策を採用しており，複数のマーケティング・チャネルを展開させていることがわかる。同社はナショナル・チェーンなどに対しては営業パーソンが訪問し販売する方式を採用している。他方でCVS・ドラッグストアに対しては営業パーソンが商談を行うが，注文ロットが小さいために配送はベンダーを通じて流通させる方式をとっている。

それでは前節で検討したように，製造業者が複数のマーケティング・チャネルを展開させる場合に生じる，諸チャネル間の競合の問題を考えてみよう。同社は百貨店・高級専門店のルートには，主にライセンス生産されたデザイナーズブランドの商品を供給している。また量販店や代理店，通販を通じてNB商品を販売しているが，量販店にはNB商品を販売するだけでなく，各小売企業に対応したPB商品や販路限定のオリジナル商品を供給することによって，チャネル間で生じる問題を調整している。

無店舗販売のうち，自社サイトでのインターネット販売の場合，ホームページの画面の更新・変更が容易なため，新商品や流行商品の取扱比率が多い。また自社のカタログ通販では介護用品や定番商品の取扱比率が高く，4シーズンごとに商品を変更している。このように複数のマーケティング・チャネル間での取扱製品についてPB商品や販路限定商品をいくつかの大規模小売業者に対して投入したり，無店舗販売では取扱商品の比率を変えることでチャネル間の競合の調整を図っているのである。

他方で，同社のマーケティング・チャネル政策も転換点を迎えている。まず中間業者の要因の変化が挙げられる。例えば小規模な一般小売店が減少したり，代理店が転・廃業している。このため代理店を通じた一般小売店のルートの勢いが弱くなりつつある。

さらに市場の要因としては，地方部を中心に，自動車で買い物に行くことが困難な高齢の消費者も数多く存在している。こうした高齢の消費者は自分の肌に合うインナーウェアに敏感であり，それを求めて同社のお客様相談室に電話で相談している。同社は消費者からの問い合わせや相談はお客様相談室で受け，

在庫の状況を検索して，通販部門から顧客に直送している。近年ではこのような直送のケースが増加している。同社のお客様相談室が顧客とのコミュニケーション上の接点を創り出し，高齢者の買い物の問題に新たに窓口として対応することによって「直送」のリピーターを獲得している。

このように市場の要因（肌に敏感な高齢者の増加，買物難民の増加[13]）や中間業者の要因（一般小売店ルートの減少）が変化し，自社要因（お客様相談室の新たな役割の追加）が変化することで新たなチャネルの対応を図っている。こうした点で，中間業者を介さず，顧客との直接的なコミュニケーションの接点を有し，そこから顧客の維持を図っている同社のお客様相談室の新たな役割は重要であろう（写真8-1）。

写真 8-1　グンゼ株式会社お客様相談室

出所）グンゼ株式会社お客様相談室提供。

第6節　まとめ

本章はマーケティング・チャネルの選択の問題を中心に検討を行った。理論とケースを通じて理解できたことは，製造業者は現在の環境に適応できる最適なチャネルの構築だけでなく，将来の環境にも目を向けたチャネルの構築が必要である。そのためには自社を取り巻くマーケティング環境の諸要因の動向を見極めた上で，マーケティング戦略を展開していく必要があるということだろう。こうしたことでマーケティング・チャネルの再構築を図っていくのである。

注

1) Cundiff, Edward W. and Richard R. Still, *Basic Marketing－Concepts, Decisions, and Strategies, Second Edition,* Prentice-Hall Inc.,1971, pp.318-319.
2) Perreault,Jr.,W. J., J. P. Cannon and E. J. McCarthy, *Basic Marketing, Nineteenth Edition*, McGraw-Hill Irwin., 2014, p.256.
3) Perreault, Jr., W. J., J. P. Cannon and E. J. McCarthy, *ibid.*, 2014, pp.254-255.
4) マーケティング・チャネル論では選択の問題と管理の問題があるが，本章では主として選択の問題を対象にしている（チャネル論の包括的な検討は，陶山計介・高橋秀雄編著『マーケティング・チャネル—管理と成果—』中央経済社,平成2年に詳しい）。
5) Stanton,W. J., M. J. Etzel and B. J. Walker, *Fundamentals of Marketing, Tenth Edition*, McGraw-Hill,1994, p.364-379 をもとにして，澤内隆志編著『マーケティングの原理』中央経済社，2002年，pp.124-127, 矢作敏行『現代流通』有斐閣アルマ，1996年，pp.242-246 などを参考にした。
6) Philips, C. F. and D. J. Duncun, *Marketing Principles and Methods, Fourth edition*, Richard D.Irwin, Inc. 1960, pp.556-560.
7) 徳永豊『マーケティング戦略論』同文館出版，昭和41年，pp.441-444.
8) Stanton, W. J., M. J. Etzel and B. J. Walker, *op.cit.*, McGraw-Hill, 1994, p.373-375., Philips, C. F. and D. J. Duncun, *op.cit.*, Richard D. Irwin, Inc., 1960, pp.548-550. 及び Cundiff, Edward W. and Richard R. Still, *op.cit.*, 1971, pp.326-328.
9) Kotler, P. and G. Armstrong, *Marketing : An Introduction*, Prentice-Hall, Inc., 1987, pp.334-335.
10) Cundiff, Edward W. and Richard R. Still, *op.cit.*,1971, pp.323-324.
11) Perreault, Jr.,W. J., J. P. Cannon and E. J. McCarthy, *op.cit.,* 2014, p.254-255.
12) 本ケースはグンゼ株式会社お客様相談室　金森弘氏と柳澤尚子氏からの資料提供とインタビュー調査（2014年2月7日午後3時から4時30分までグンゼ株式会社東京支社1階会議室（東京都中央区日本橋2-10-4）にて実施）から作成している。ここに感謝申し上げます。しかしながら本ケースの誤謬は筆者に帰するものである。
13) 杉田聡『買物難民—もう1つの高齢者問題—』大月書店，2008年。

第9章　強力な流通経路戦略

第1節　商業の視点から捉える

　本テキストのタイトルにあるように，本章ではマーケティングを学ぶ。前章では製造企業によるマーケティング戦略の1つである経路戦略の視点から商業・流通が捉えられた。今日，商業者・流通業者がパワーを急速に強化し，小売マーケティングという独自の学問領域を形成しつつある。その点からすれば，マーケティングは製造企業固有のものとは言えない側面もある。そうではあっても，本章では基礎理論を理解するにあたり，過去に立ち返り，純粋な形でのマーケティングと商業との関係をみていく。繰り返せば，前章と同じ考察対象である商業・流通を異なる視点からみることによって，強力な流通経路戦略の理解を深めよう。
　商業者と流通業者という用語は何が異なるのかという基本的な理解から始める。卸売業者や小売業者は直接分析される際には商業者と認識される。それに対して，製造企業の生産した商品がどのように流通するのかという視点からそれらを分析する際には流通業者と認識される。言い換えれば，マーケティングに係る卸売業者や小売業者は流通業者と認識される。現実社会では複雑な流通構造が形成されるため，明確にその性格を表さないこともあるが，商業者がまたは商業本来の機能がマーケティングとの係わりでどのように変化するのかを理解しよう。
　マーケティングは中小零細規模の製造企業でも実践される。そのような企業での魅力あるマーケティング活動が分析されることもある。しかし，基礎理論を理解するため，マーケティング登場の歴史をさかのぼり，寡占的・独占的な

大規模製造企業によるマーケティング活動のみをここでは捉える。それはマーケティングが経済主体の異なる多様な商業者を力強く巻き込む活動だからである。

第2節　商業の機能

　商業者は商品を購入し，それを他に販売する業者である。その点だけをみれば非常に単純な活動である。商品の売買を専門に行う商業者にはどのような役割があるのか。交通機関の未発達な時代，生産者は比較的狭い地域の消費者に商品を生産，販売していた。この段階では商業者は必要がない。生産者は自らの生活を豊かにするため，生産量を増やそうとより遠方の消費者にも商品を販売したいと思う。もし生産と販売を個人の生産者が行うならば，ある時点ではどちらか一方の活動しか行えない。

　そこで，商品の販売を専門とする商業者が登場する。我が国では近江商人がその代表である。交通機関が未発達であった時代，生産者と消費者との距離的な隔たりを埋めることは商業者の重要な役割であった。しかし，交通機関や情報網の発達により，その役割の重要性は低下する。商業の役割である機能は多様にあるが，時代の変化を受けない本質的機能は過去，今日，将来にわたっても存続する。この本質的機能を理解しよう。生産者が直接消費者に商品を販売しようとするならば，購入可能性のある消費者を探さなくてはならない。逆に消費者が生産者のもとに訪れて商品を購入する場合，消費者は移動のための時間と費用が発生する。希望する商品がどこで生産されているのかが分からない場合，生産者を探すための費用も追加的に発生する。さらに，消費者が漠然とした購買意欲しか生じていないため，複数の生産者の間を移動して商品を選択する場合，そのための時間と費用は加速度的に増加する。このような過分に発生する時間と費用は社会全体の浪費とも理解され，生産者と消費者両者にとって，直接取引は現実的ではない。

　商業者が生産者と消費者の間に介在するとどうなるのか。生産者の視点から

みていこう。有能な商業者と取引することで，生産者は消費者を探す必要がなくなり，生産に専念できる。生産性を高め，生産量を増加することによる原材料の増加により，仕入価格を下げる効果としての規模の経済による費用の削減を達成する。資本規模が大きくなれば，生産者が商業の能力・機能をもつことも一応可能である。しかし後述するが，現実的にそれは非効率的となる。生産者が利潤の極大化を目的として，規模の拡大を図ろうとする場合，それに合わせて生産システムや組織体制の充実に注力する必要に迫られ，生産と販売の能力を同時に高めることは困難となるからでもある。

次に消費者の視点からみていこう。商業者が介在することによって，商品を探索する時間と費用が節約される。この効用は計り知れない。消費者は商品を購入する際，多くの選択肢を得たいと思う。それは牛肉であれば，但馬牛，松阪牛，佐賀牛，飛騨牛，近江牛，アメリカ産牛肉，オーストラリア産牛肉などの選択肢である。また，消費者の購買選択は常に同じではなく，状況に合わせて多様に変化する。それらの商品を現地で直接購入することは全く現実的ではない。消費者は身近な場所で，商品の購入を求める。それを実現するのが商業者である。消費者は商業者のもとまで足を運べば，複数の選択肢の中から希望する商品を購入できる。

多様な生産者の商品を取り揃え，不特定多数の消費者へ販売をする商業者の活動はまさに社会的である。商品の売買を専門とする商業者のこのような活動を社会的な売買の集中と表現する。これは商業が存立する根拠であり，生産者が商業活動を自ら直接行えない理由でもある。

次に，社会的な売買の集中を実践する商業者はどのような能力を高めるのかを理解しよう。それは存立根拠だけでは商業者としての魅力は不十分であることを意味するからである。商業者は複数の生産者の商品を購入する。同じ属性の商品を比較検討することによって，商品知識と生産に係るさまざまな情報を豊富に蓄積する。このような商業者は商品を販売する際，それらの情報を消費者の購買意欲を掻き立てる手段として活用する。高級野菜をあげれば，外見上一般野菜とは変わらなくとも，味は格段の差がある。最適な産地や農家などの

情報や選択は消費者にはできない。それらに係わる情報は消費者にとって重要となる。また，多様な消費者に向き合う商業者は消費者の購買に関する情報を豊富に蓄積する。それらの情報は生産者が新たな商品を開発する，または生産量を確定する際の重要なものとなる。商業者は生産者にとって，商品開発部門や営業部門の代理機関であるとも認識される。このようなことからも商業は社会的な存在であると理解される。

生産者と消費者の両側面に関する情報を収集し，それを活かすことで発展的に商品の企画を行う商業者も登場する。このような発展的商業者を理解しよう。生産者と商業者に，商業者は卸売業者と小売業者に分化する。分化は専門化とも理解され，それは限定された領域でのさまざま熟練を促す。熟練は専門領域の知識のみの豊富化であると考えてはならない。熟練度を高めるために，その領域に関する知識を深く掘り下げるだけでなく，それに関連する領域にも広く関心を強める必要がある。単なる知識の集合ではなく，それらの有機的結合を活かして，活動範囲を拡張する商業者が登場する。それが先述した小売マーケティングへと発展する。

追加的になるが，本章の場合，小売業者が基本的な対象となるが，卸売業者も同じ原理に従う。我が国特有の卸売の多段階構造を説明しておこう。多段階構造は取引回数を増加させ，消費者は根拠のない割高な商品を購入させられているという批判がある。消費者志向が強く求められる今日，社会的に有害な構造・機構は自然と排除されるはずである。商業者は消費者の購買行動の影響を直接受ける機関であることからすれば，消費者がこの多段階構造を意識するかどうかは別として，受け入れているものと考えられる。結論だけ言えば，我が国の消費者ニーズは多様であり，それらを消費者は強く満たそうとする傾向がある。そのような消費者ニーズに対応するため，ある属性の商品の選択肢は諸外国と比較して膨大になる。豊富で魅力ある品揃え形成を達成するためには社会的な売買の集中をますます強化する必要が生じるため，卸売構造は多段階となる。低価格競争が激しい今日的状況下で，卸売業者は豊富な品揃えを形成する優れた能力を持っていると積極的に理解される。

第 3 節　商業機能を制限する商業者

　商業機能をフルに活用する商業者は特定の生産者の強い影響を受けることなく，社会的な売買の集中を積極的に行う。このような素晴らしい機能を制限する商業者の論理を，言い換えれば，そのような機能を制限することによって得られる効用とは何かを理解しよう。

　従業員の生活を保証する必要もあり，経営の長期的な安定を商業経営者は当然に願う。そのような経営者が商業本来の機能を制限するという経営的判断を行う。それによって，商業者はマーケティング機能を担う。ただし，この機能は小売マーケティングを意味しない。製造企業によるマーケティングの最先端を担うという意味である。

　商業機能を最も制限した状態が系列化となる。商業者は系列化されることによって，ある製造企業の販売代理機関となる。その製造企業の商品だけを販売することになる。製造企業が自分の商品だけを積極的に販売する機関を必要とする場合，販売代理会社を設立したり営業所を設置したりする。このような販売形態はインターネット販売や通信販売，訪問販売と同様に直接流通と呼ばれる。系列にみられる商業者は製造企業とは独立した経済主体ではあるが，実質的には直接流通と同じ形態となる。製造企業が直接流通体制を全国的に展開するには多くの時間と資金が必要となる。資金投資を生産活動に集中することによって商品そのものの市場競争力を強化するのは大量生産の基本であり，販売拠点拡大への直接投資は結果として，商品の競争力を弱めることになるからである。それゆえ，有能な商業者を自らの傘下に入れることで直接販売と同じ機能を確保しようとする。

　マーケティングの原理論では以下のように説明されている。寡占的製造企業は利益の極大化を目指す。大量生産された商品を直接消費者に販売することが現実的ではないため，商業者にそれを任せる。しかし，同じ商品であるならば，低価格で販売されている店舗での商品を消費者は購入する。大量生産された商

品は市場の至る所で消費者の目に留まるので，低価格競争に巻き込まれる可能性は高くなる。低価格競争に勝ち抜くため，小売業者は仕入価格に関する交渉力を強めようとする。そのために大量販売とそれに見合う大量仕入れをする。大規模化する商業者の交渉力は強まり，仕入価格の値引きの要請を製造企業は受ける。製造企業にとって，低価格競争は利益を縮小させるので，これの制限が利潤極大化の最善策となる。低価格販売をする商業者を排除しなくてはならないが，直接販売は現実的ではない。この矛盾を系列化体制によって解決しようとする。商業者を系列の傘下に収めることによって，寡占的製造企業は商業を排除する。注意点として，これは商業者を排除するものではない。商業という機能を排除することを意味する。異なる表現をすれば，商業者の実質的排除ではなく，形式的な排除である。これにより寡占的製造企業にとって，商業機能を放棄した商業者は自社の販売会社や営業所と同じ機関と認識されるため，直接販売形態と同じ状態になる。それはすなわち，生産から販売に至るマーケティング活動のすべてを完全に管理支配する体制が完成したことを意味する。それと同時にマーケティング力は最大となる。系列体制による商品の流れは間接流通ではあるが，実質的には直接流通となる。

　このような商業者は存立根拠となる社会的な売買の集中を放棄すると同時に，さまざまな恩恵を受ける。系列化に対する誤解はこのような商業者と寡占的製造企業との関係を単なる支配従属関係と捉えることである。商業者が寡占的製造企業の手足となり，主体的な意思決定をすることなく，弱い立場にあるという認識は間違いである。なぜ商業者は系列体制に入ろうとするのか。利益獲得のための大量販売は有効ではあるが，低価格競争に必然的に巻き込まれる。それに勝ち抜くため，大量販売をますます強化することによって，仕入れ価格を引き下げなくてはならない。商業者は大規模化が必須となる。差別的優位性を価格に求めるならば，低価格競争はますます激化し，各社の利益は縮小する。そのような市場競争を商業者は望まない。それゆえ，価格を統制する系列システムは魅力となる。

　大規模製造企業と商業者が協力関係のもとで行われるマーケティングは消費

者から利益を奪う強圧的手段となった時代もある。それは独占価格の設定によるものであったが，独占禁止法がそれを阻止するようになった。これを前提として，今日でも定価販売が確実になされている商品もある。そのような商品は後述される事例から理解されるように，消費者に対するさまざまな効用を提供する。その直接的な担い手が商業者（流通業者）である。

第4節　事　例

　本来は京都に本社が所在するまたは発祥の地とする製造企業によるマーケティングの事例を取りあげるべきであった。しかし，適切な対象がなかったため，本章では京都にみられる小売業者の活動を紹介する。3つの系列的流通と1つの閉鎖的流通の事例を紹介する。

1.　自動車ディーラー

　新車は中古車販売会社や自動車修理工場でも販売されているがそれらは自動車ディーラー（これ以降，ディーラーと表記）とは呼ばない。ディーラーは自動車メーカーとは独立した経済主体ではあるが，系列化によって強く結ばれている。海外自動車メーカーと販売代理店契約をするディーラーもある。ただし，輸入車ディーラーは複数の自動車メーカーと契約することもある。それに対して，国産車ディーラーはある自動車メーカー1社との契約に，さらに一部の車種のみに販売が限定されている。例えば，トヨタ自動車であったとしても，京都トヨタ自動車，ネッツトヨタ京都，トヨタカローラ京都，京都トヨペットという複数のディーラーが存在する。

　販売員はマンツーマンで接客対応をする。消費者からの質問に答えるだけでなく，試乗のために同乗することもある。自動車は高額商品であるため，複数回来店する場合もあるが，販売員は毎回丁寧な接客対応をする。質問は多様であり，豊富な商品知識が求められる。モデルチェンジもあり，他の商品との違いだけでなく，過去の同一商品との比較説明が求められることもある。提供可

能性のある情報は膨大であるため，取扱商品数が限定されていることは妥当性をもつ。

ディーラーで受ける車検・修理サービスについて，2003年11月実施のアンケート調査の結果によれば，ディーラーが提供する車検・修理サービスは高価格ではあるが，その品質は高く，信頼度の高いものであると消費者は認識しているという回答を得た[1]。車種を限定することによる車検・修理サービスの品質確保がここにも示唆される。

2. 海外高級アパレル商品

国内アパレル商品はアパレル企業が商品の企画から販売まで一貫して行うSPA (speciality store retailer of private label apparel) という生産流通体制を整えている。それに対して，海外高級アパレル商品の場合，日本の企業が海外アパレル企業と販売代理店契約を結ぶことがある。そのような海外高級アパレルブランド店は京都河原町周辺に集まっている。

入口の扉はなくとも，冷やかしでの入店を拒む敷居の高い雰囲気があり，消費者を絞り込む機能がある。販売員は消費者を常連客である顧客に育成するよう，懇切丁寧な接客対応をする。顧客は商品を購入するだけでなく，特別な対応を受けることにうれしさを感じる。例えば，電話で来店予定を伝えれば，希望する販売員に対応をしてもらえる。好みや過去に購入した商品が把握されているため，適切な対応を受けられる。また，店内ファッションショーなどへの招待がなされたりもする。

店舗内の通路は広く，陳列されている商品の数も決して多くない。通常顧客にとって，商品の選択肢が多いことは購買意欲を高める。しかし，商品を豊富に陳列するために通路を狭くすることはブランド・イメージを損なう可能性がある。店舗内の雰囲気も顧客にとっての重要な要素だからである。自動車ディーラーとは異なる理由から品揃えを一般商業者のように多くはしない。

3. 高級化粧品

　ドラッグ・ストアやスーパー・マーケットにみられるセルフ販売方式ではなく，百貨店などでの美容部員による販売をここでは取りあげる。高級化粧品の場合，直接販売の場合もあれば，系列化された販売もある。両者の区別は表面的には分からない。

　化粧品は小さなブースでの販売になる。美容部員が消費者の肌質や希望に合わせて商品を紹介したり，実際にメークアップを行う。美容部員は化粧品に関する情報だけでなく，メークアップ技術も優れていなければならない。メークアップ作業と同時に，丁寧な説明をする能力も求められる。顧客への対応では以前に購入された商品をベースに，消費者の魅力を引き出すような新たな提案もなされる。

　自動車ディーラーや高級アパレル商品の場合には顧客の関心に係るさまざまな会話を交えての販売活動を行えるが，美容部員の会話は化粧に限定されている。また，販売員と顧客との長期的関係の構築について，美容部員は常に各店舗を移動するため，それが困難である。顧客に関する蓄積されたデータを的確に把握し，自然な対応をすることで担当者の交代があっても，顧客に違和感を生じさせない接客技術が求められる。関係構築の柱は商品そのものであり，その有用性がどれだけ高いかを顧客に伝えることが美容部員の重要な役割である。

4. 土産

　観光客が京都に訪れた際，土産を購入することは多い。観光地には土産物屋が連なる場所もある。それだけでなく，観光客は高速道路のサービスエリアの売店で土産を購入することもある。それらの商品は全て定価で販売されている。この事実を私たちは当然のように感じるのではないか。先述した商業者の論理からすれば，低価格競争に陥る可能性があるのにそのようにはならない。

　最後に，このような商品の流通を理解しよう。一般的な製造企業は利益の拡大のため，より広い範囲の消費者に商品を販売しようとする。そのためには販

売力のある多くの商業者に商品を販売する。しかし，それは同時に消費者の目に留まる頻度が高くなり，購買時の比較対象が同じ商品であるならば，価格に絞られるため，低価格競争に巻き込まれる。それに対して，土産は基本的に観光客が消費者となる。それは同時に，市場の拡大を如何に図ろうとしても観光客の数に制約される。

マーケティングは限られた市場を各企業で奪い合う活動であることからすれば，土産市場でも同じようなことが起こるのではないかと思われるかもしれない。確かにそのような側面はあるが，マーケティングの歴史的な前提と大きく異なる点がある。土産そのものは差別化がなされているため，各商品のブランド力が消費者の購買行動に大きな影響を与える。それに対して，マーケティングにおける各商品は基本的に差別化の程度が低いことを前提とする。本来的に差別化された土産は低価格競争に陥る必然性が低い。また，価格が低い土産はそれを贈る相手に失礼であるという認識を消費者に抱かせることも1つの心理的要因にあるかもしれない。

このような土産は直接流通や閉鎖的な間接流通によって価格が維持される。ただし，先述した3つの事例とは異なり，土産に係わる接客サービスの品質が高いとは言えない場合は多々ある。社会的な売買の集中を担うに過ぎないこともある。

注
1) 拙稿「我が国自動車ディーラーにおけるサービス・マーケティングの必要性―生産的労働と不生産的労働の基本的理解による販売される財の再検討―」『関西実践経営』第27号，2004年6月。

参考文献
森下二次也『現代商業経済論 改訂版』有斐閣，1977年。
森下二次也『商業経済論の体系と展開』千倉書房，1993年。
西島博樹「商業の存立根拠」伊部泰弘・今光俊介・松井温文編著『現代のマーケティングと商業』五絃舎，2012年。

第10章　マーケティング・コミュニケーションとプロモーション戦略

第1節　コミュニケーションとマーケティングの関係性

1. コミュニケーションの特徴

　コミュニケーションは，マーケティング戦略において，極めて重要な活動である。その理由は，企業が素晴らしい製品やサービスを提供しても，消費者がその存在を知り，それを適切に理解してもらうことがなければ，購買に結びつかないからである。

　われわれの日常生活は，企業からのコミュニケーション活動に溢れている。朝起きてテレビをつければCMが流れているし，新聞や雑誌に目を通せば新製品紹介の記事や広告が掲載されている。また，通勤・通学途中の電車やバスの車内では中吊り広告を目にするし，携帯電話やスマートフォンにはキャンペーン情報が送られてくる。

　一般的にコミュニケーションは，情報伝達や相互の意思疎通として理解されているが，その本来的な意味は，ラテン語の"comunis"（共通の）に由来する。コミュニケーションとは，相手との間に共通性を確立することである。

　われわれは，相手に自分の意志を伝達するとき，相手との間に共通性を作り上げようとする。言い換えれば，互いに，情報，観念，態度を分かち合い，相手に同調してもらおうとする。例えば，会話のきっかけとして天気の話をしてみたり，相手の出身地や出身校，趣味や交友関係について尋ねたりする。これらは，互いの共通する認識基盤を創造するための努力行為にほかならない。このような問答を続けることによって，見知らぬ者同士が，例えば偶然にも，共

通の趣味や知人などを有していることがわかると，急速に距離感が縮まり，その時点から二人は会話を交わす必然性のある関係となる。

コミュニケーション活動は，このような関係形成努力をとおして互いの価値観を共有することと捉えられる。または，「共有すべき時空間の設置をとおして，情報やコンセプト，態度などを共有するための努力行為こそがコミュニケーション活動」と言える[1]。

2. コミュニケーション・プロセス

コミュニケーション・プロセスの原型は，二者間コミュニケーション（inter-personal communication）に見られる。

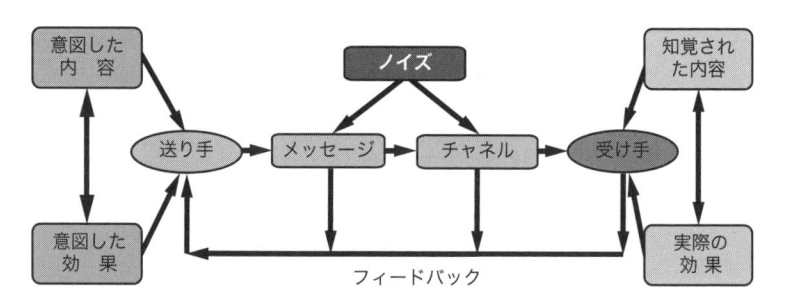

図10-1　コミュニケーション・プロセスの典型

出所）徳永豊他編『詳解マーケティング辞典』同文舘，1989年，102頁。

図10-1を見るとわかるように，コミュニケーションは，送り手，受け手，メッセージ，チャネル，フィードバックという5つの要素から構成される。送り手と受け手の当事者はモデルの両極に位置する。送り手は情報の発信源，すなわち製品などについてのメッセージを発信する企業であり，受け手は消費者である。意図した効果に対して実際の効果が実現されるように，意図した内容を，具体的なメッセージとして表現し，受け手にチャネルを通じて情報発信することが，コミュニケーション・プロセスである。

ところが，送り手が発した意図した内容が，受け手に知覚された内容として，

必ずしも正確に伝わらない可能性がある。そのような不一致を生み出す障害要因はノイズである。これは多くの場合，メッセージの解読部分で発生する。ノイズは，日常のコミュニケーション活動において，頻繁に見られる。例えば，大人が子供にメッセージを発する時，大人に対して話す表現や口調を用いて会話をしたら，子供はメッセージを到底理解できない。また，口コミ（word-of-mouth communication）の連鎖は，当初正しかった情報が，口伝えするうちにいつの間にか歪められたり，不明瞭な部分を憶測によって取り違えられたりすることさえある。

　いずれにしても，受け手にメッセージが伝わると，今度は受け手が送り手に向けて，何らかの反応をする。それが実際の効果である。この反応情報は，送り手へとフィードバックされる。この段階では，受け手が情報の送り手となる。情報の送り手と受け手は交互に入れ替わりながら，二者間コミュニケーション行為が進展する。

第2節　マーケティング戦略としてのコミュニケーション活動

1. コミュニケーション活動を戦略的に考えることの重要性

　マーケティング・コミュニケーションでは，マーケティングにまつわるすべての活動を，企業と消費者とのコミュニケーション活動として認識し，コミュニケーションの視角からマーケティング活動を捉える。

　コミュニケーション活動を展開する主たる目的は，自社の提供する製品やサービスを選択，評価，理解してもらいたい，あるいはそれらの利用によって満足をしてもらいたいからである。

　しかし，メッセージの発信は，闇雲に行っても，期待するほどの効果は得られない。そこで，消費者が理解できる適切なメッセージを，適切なメディア（チャネル）を利用し，適切なタイミングで発信しているのかということに注意しなくてはならない。とりわけ重視しなければならないのは，消費者がそのメッセージ情報に触れたかどうかである。それゆえ企業は，情報露出の手段と頻度につ

いて検討しなくてはならない。

2. コンタクト・ポイントと IMC の展開

　消費者が,企業からの情報に触れる接点をコンタクト・ポイントと呼ぶ。近年では,情報接触する機会が顕著に高まった。テレビ,ラジオ,新聞,雑誌といったマス・メディア(マス4媒体とも言う)に加え,インターネットを用いた広告や,OOH (out of home) と言われる屋外広告や交通広告も,盛んに用いられている。OOH の使用背景は,広告メディアの技術的環境変化に加え,マス・メディアによる不特定多数に向けての情報露出よりも,ターゲットとする特定顧客に焦点を合わせて情報提供を行う方が効率的であるという認識からである。OOH の1つであるデジタル・サイネージ (digital signage) を用いた広告は,設置場所の地域的特性やターゲットとする視聴者に,焦点を絞り込んだメッセージ情報や映像の提供を可能にする。こういったメディア環境の変化は,消費者が情報に接触する機会を増加させると共に,より適切なメッセージを,リアルタイムに変更させながら発信することに貢献している。

　しかし,コンタクト・ポイントを増加させ情報露出頻度を上げるに際には,コミュニケーション・メッセージの統一性に配慮する必要がある。情報に統一性や一貫性がなければ,消費者は混乱する。こういった事態に陥れば,ブランド・イメージの崩壊にも繋がる。そこで多くの企業では,IMC (Integrated Marketing Communication) という考え方を導入している。IMC とは,統合型マーケティング・コミュニケーションと呼ばれている。これは,「企業から発信されるさまざまな顧客とのコミュニケーションを一貫性あるメッセージとして伝達するために,メディアを統合的に管理する」ことに重点を置いた,マーケティング・コミュニケーションの手法である[2]。

3. 情報伝達手段としての 4P の重要性

　マーケティング・コミュニケーションを展開するにあたって,考慮すべき点は,4P 要素とコミュニケーション活動との関係である。

一般的には，プロモーションがコミュニケーション手段としての役割を担うと認識されている。しかし，プロモーションだけが，プロモーション・メッセージを発している訳ではない。例えば，製品のネーミングや製品個装上の表現（パッケージ・デザイン），設定された価格，あるいは製品を販売する場所や店構え・売り場といった他の4P要素も，プロモーション・メッセージを発している。製品デザインを見れば，その製品が何たるかが理解できるし，価格を見れば，どれだけ魅力的な価格で提供されているのかを判断したり，品質の善し悪しを推定したりできる。また，例えば専門店や百貨店で，接客マナーの優れた販売員によって丁寧に売られていたとしたら，そういった雰囲気や環境の中から，確かな品質のものに違いないといった意味を汲むことになる。

このようなことから，4P要素すべてはプロモーション戦略に集約されていると言える。ドマームスはこのことについて，プロモーション以外の4P要素を暗示的プロモーションと呼び，本来のプロモーションを明示的プロモーションと呼んでいる[3]。これは，市場にとってはいかなる情報であっても，プロモーション・メッセージとして機能することを意味している。

企業と消費者との間の理解や認識は，プロモーションの表現を通じてのみ行われるのであり，消費者は，情報露出された具体的表現から情報認知を行い，企業からのメッセージを読み取っている。

第3節　プロモーション戦略の具体的展開

1. プロモーション展開の種類

プロモーションには，広告，PR (public relations: 広報活動)，人的販売，狭義の販売促進が含まれる[4]。

(1) 広告

広告とは，身元が明示された広告主が人的販売によらず，市場を確立するために，製品，サービス，アイディア，あるいは企業そのものについて，視聴者

に対し，重要なコマーシャル・メッセージを伝達する有償の手段である。表10-1 にあるように，広告が掲載されるメディアは多岐にわたるが，いずれにも長所と短所が存在する。メディアの特性を十分に理解した上で，消費者への到達度，露出頻度，インパクトを考慮して，選択しなくてはならない。

(2) PR（広報活動）

PRとは，個人や組織が，その実態や自らの主張を相手に知ってもらい，相手のそれまでの自分達に対する考え方を変えてもらったり，修正してもらうための計画的な情報提供活動である。PRの対象は消費者ばかりでなく，従業員，株主，取引先，金融機関，地域社会などにも向けられる。これは企業を取り巻く利害関係者集団（ステークホルダー（stakeholder））すべてに影響を与える。以上の定義からすると，われわれが日常使う自己PRと言った時のPRとは，意味が違うことになる。

PR活動の1つに，パブリシティ(publicity)がある。パブリシティとは，テレビ，新聞，雑誌などのメディアを扱う企業に，自社の活動状況やその内容，自社主催の各種イベント，新製品やサービスの価値などについての情報を提供し，ニュースや記事として取り上げてもらうことを狙った，さまざまな情報提供活動のことである。

典型的な例としては，メディア関係者に対して行う新製品発表がある。この意図は，メディアに声をかけて，新製品の魅力を記事や情報，映像として取り上げてもらい，自社の代わりに，新製品を広く告知してもらうことにある。第三者機関としてのメディアが情報を流すため，客観的信憑性のある情報として伝わることが期待される。しかし，取り上げられるか否か，また，どのような表現や演出を用いて取り上げられるかは，メディア側の判断に委ねられるという問題がある。

今日では，パブリシティ情報が確実に対象に提示されることを狙って，メディア操作力を有するPR会社などに依頼して，記者会見や新製品発表の場を設定する傾向がある。この場合は，有償の手段という意味で，ペイド・パブリシティ

(paid publicity) と呼ばれる。

また,マーケティング目的の達成のために PR 的な手法を用いることを,マーケティング・パブリック・リレーションズ（marketing public relations）と言う。日本においては,戦略 PR とも呼ばれている[5]。

(3) 人的販売

人的販売とは,営業担当者や販売員が,特定の顧客に対して口頭で情報提供を行う販売活動である。これは,製品やサービスについて,目前にいる買い手に口頭で説明して,相手の反応を考慮しながらその魅力を伝えるプロセスとなるため,担当者のコミュニケーション・テクニックが要求される。それゆえに,人的販売の成果は,そのテクニックのレベルに左右される。直接会話をし,最適なメッセージを伝達するというスタイルは,広告や PR に比べて情報提供量が格段に多くなるために,対象顧客が明確である時や産業財販売において,中心的なプロモーション手段となる。

(4) 狭義の販売促進

狭義の販売促進とは,セールス・プロモーション（sales promotion）と呼ばれる。これは,広告,PR,人的販売に類型化されないプロモーション活動の総称である。コトラーは,狭義の販売促進について,「消費者や流通業者に対して,特定の製品やサービスの購入頻度を高めたり購入量を増加させる,主として短期的なインセンティブ・ツールの集まりのことである」[6]と定義付けている。狭義の販売促進は,購入への動機づけや刺激を提供することに焦点が向けられる。販売促進の対象は,消費者向け,流通業者向け,企業向けのものが存在するが,表10-1では,主に消費者向けに展開されるものを列挙する。

表 10-1　プロモーションの種類と具体的方法

広告（Advertising）	
・テレビ・ラジオ広告（電波媒体） ・折り込み広告 ・屋外広告 ・インターネット広告 ・電話帳広告	・新聞・雑誌広告（印刷媒体） ・ポスター・看板 ・交通広告 ・ダイレクト・メール（DM） ・POP広告

PR（広報活動）（Public Relations）	
・プレス発表，記者会見 ・展示会，発表会 ・学会発表 ・スポーツやコンサートなどの協賛，メセナ活動 ・社会貢献活動	・年次報告書 ・社内報 ・広報誌 ・セミナー ・財界活動

人的販売（Personal Selling）	
・販売員や営業担当者による説明や推奨	・カウンセリング販売

狭義の販売促進（Sales Promotion）	
・クーポン ・値引き ・サンプル・試供品提供 ・ノベルティ・グッズの配布 ・カタログ，パンフレット，リーフレット	・プレミアム（おまけ，景品など） ・増量パック ・低金利ローン ・デモンストレーション ・店頭ディスプレー，特別陳列　など

出所）石井淳蔵他『ゼミナール マーケティング入門』(第2版)，日本経済新聞出版社，2013年，108頁を一部加筆・修正して作成。

2. プロモーション戦略の基本的な考え方

(1) プロモーション・ミックス

　広告，PR，人的販売，狭義の販売促進というプロモーション手段は，1つだけが選択されることはめったにない。通常は，それぞれの手段を適宜組み合わせてプロモーション展開をする。プロモーション手段を組み合わせて相乗効果を狙うことを，プロモーション・ミックスと言う。

1) 販売対象による重点的プロモーションの違い

　消費財を販売する企業にとっては，自社の提供する製品やサービスの価値や魅力を，多くの消費者に知ってもらうため，マス・メディアを利用する広告に

対する比重が増す。一方，産業財の場合には，対象顧客（組織）の数が限定的であることに加えて，買手が慎重な意思決定を行うという購買特質がある。買手企業は，営業担当者からもたらされる詳細な情報を重要視する傾向にある。したがって，産業財を販売する企業は必然的に，人的販売への比重が増す[7]。

2）流通チャネルを利用したプロモーション戦略

プロモーション戦略の方法は，企業が流通チャネルをどのように利用するかによって，プッシュ戦略とプル戦略という2つのタイプが識別される。

■ **プッシュ戦略**

　プッシュ戦略とは，流通チャネルの川上から川下へと製品を売り込む（プッシュする）というプロモーション戦略である。これは，製造企業が製品を卸売業者に売り込み，卸売業者は小売業者へ，さらに小売業者は消費者へと，連鎖的にプロモーション展開することによって成立する。プッシュ戦略では，流通業者を連鎖的に説得しなければならないことから，その成否は，主に人的販売戦略の成果に依る所が大きい。

■ **プル戦略**

　一方，プル戦略とは，製品やサービスに対する消費者の需要を創造して，店頭に引き寄せることによって（プルして）購買を促進させるというプロモーション戦略である。プッシュ戦略とは反対に，製造企業が消費者へ直接的に情報提示をすることで，消費者から小売業者への指名買いを促し，小売業者は卸売業者へ，さらには，卸売業者は製造企業への指名注文をするというプロセスを辿る。流通チャネルの川下から川上へと需要を波及させることを狙うため，まずは消費者に注目してもらうための広告やパブリシティ上の表現が，極めて重要性を帯びる。

（2）広告メディアの多様化

　インターネットという新たなメディアの存在が高まる中で，その技術を利用した広告展開も，さまざまな様相を呈している[8]。近年では，クロス・メディアという手法が注目を集めるようになってきた。

クロス・メディアとは，従来のマス・メディアにインターネット・メディアを加えることによって，広告効果を高めようとする手法である。具体的には，テレビ広告の最後に「続きはウェブで」という一言を入れたり，インターネットでの検索ワードを，画面や紙面上に提示したりする手法である。クロス・メディアが企業に注目され，積極的に利用される背景には，詳細な情報提供がしやすいインターネットを，消費者が頻繁に利用するようになったことが指摘できる。

第4節　ケース：黄桜株式会社のPR活動とコミュニケーション活動[9]

黄桜株式会社は，京都市伏見区に本社を置く，日本酒を中心とした有名な企業である。1925年創立，およそ90年の歴史がある老舗企業である[10]。近年では，日本酒の製造以外にも，地ビールや焼酎の製造，さらには飲食業へと進出し，革新的な事業展開を行っている。

同社の存在を一躍全国区にしたものの1つに，テレビ広告の存在がある。「黄桜といえばカッパ」・「カッパといえば黄桜」と称されるほどに，同社の名前を聞くと"カッパ"のテレビ広告を思い出す人が多い。

このカッパは，1955年にCMキャラクターとして登場して以来，同社のイメージ・キャラクターのような存在として，広く認知されている。親しみやすい酒「黄桜」にふさわしいキャラクターを捜していた先代の松本司朗氏が，『週刊朝日』に連載されていた清水崑氏が描く漫画「かっぱ天国」に出会ったのをきっかけに，それ以来50年以上にわたって起用されている[11]。清水氏の没後1974年以降は，同じく漫画家の小島功氏がキャラクター・デザインを担当している。現在ではカッパのテレビ広告を見る機会がほとんどないにも関わらず，「カッパッパー…」という軽快なBGMを連想する人がいまだに多いのは，そういった継続的なテレビ広告の賜物であろう。

ここまで見ると，テレビ広告におけるキャラクターの存在の大きさについてしか物語っていないように思われるが，同社の秀逸な所は，PR活動・文化活

動に注力していることにある。同社は,「河童資料館」(黄桜記念館)なるものを運営している。正確には,これは「キザクラカッパカントリー」という同社直営の地ビールレストランの中に設けられた,無料開放された施設である。この河童資料館は,カッパにまつわる日本有数の資料館としても知られている。意外と知られていないカッパについて,その起源や歴史,各地に残る伝説や祭り,民謡などを幅広く紹介しており,いわばカッパのことなら何でもわかるような施設である。

一方,こういった文化施設の運営に加え,インターネット上での展開も興味深い。歴代のカッパのテレビCF (commercial film) [12]や,毎年作成している「カッパカレンダー」[13]が見られる。このカレンダーは,年度ごとにテーマが設定されており,思わずコレクションしたくなるようなイラストである。カレンダーの中には,同社の主力製品が必ず登場しているのも面白い。

このように黄桜では,テレビ広告によってイメージがもたらされたカッパをキーワードに,PR活動・文化活動を展開しながら,テレビというメディアを越えた所でも積極的なコミュニケーション活動を行っている。テレビ広告が終了した現在でも,消費者がもつカッパのイメージへの期待を裏切らずに,むしろ積極的に期待に応え続けるという姿勢や使命感は,評価するに値する。河童資料館においては,文化活動の1つとして本格的に取り組む中で,同社のホームページのみならず,パブリシティとして積極的に,観光ガイドブックやインターネット情報サイトで広く紹介されている。

このようなPR活動の展開は,製品に関するプロモーション活動ではないので,直接的な売上げに貢献しない。しかし,このような活動の展開こそが,消費者の好意的な態度を形成し,ブランド力の増強へと繋がる。黄桜と消費者とを強固に結び付ける要因は,PR活動を中心としたコミュニケーション活動への取り組み姿勢そのものである。

注

1) 大友純「プロモーション戦略」澤内隆志編『マーケティングの原理―コンセプトとセンス―』中央経済社,2002年,109-110頁。

2) IMC が重視されるようになった背景と理由は，次の文献を参照されたい。
   ・河内俊樹「プロモーション戦略」竹内慶司・片山富弘編『改訂版 市場創造（マーケティング）―顧客満足とリレーションシップ―』（マネジメント基本全集3），学文社，2011年，126-128頁。
   ・恩蔵直人「コミュニケーション対応―消費者への効果的な情報伝達」和田充夫・恩蔵直人・三浦俊彦『マーケティング戦略〔第4版〕』有斐閣，2012年，230-232頁。
3) Dommermuth,W. P., *Promotion: analysis, creativity, and strategy*, Kent Pub. Co., 1984, p.5.
4) 企業においては，プロモーションを"売る"あるいは"売り込み"という意味や行為で捉え，人的販売や営業活動，あるいは狭義の販売促進を指すことが多い。こうした学術的用法と実務的用法の違いに注意されたい。
5) 久保田進彦・澁谷覚・須永努『はじめてのマーケティング』有斐閣，2013年，211頁。
6) Kotler, P., *Marketing Management: Millennium Edition*, 10th Edition, Prentice-Hall, Inc., 2000.（フィリップ・コトラー 著，恩蔵直人監修『コトラーのマーケティング・マネジメント　ミレニアム版』（第10版），ピアソン・エデュケーション，2001年，731頁）
7) 注意すべきことは，産業財販売において広告が意味を成さない訳ではない点である。営業活動をスムーズに展開するためのサポート効果や，就職活動をする学生へのリクルート効果，さらには，あえて最終消費者へ広告を出稿することによる派生需要創出効果などが期待できるのも事実である。
   ・河内俊樹，前掲稿，132頁。
8) 広告費の割合を見てみると，インターネット広告費は，2009年には新聞広告費を抜き，テレビに次ぐ2番目のメディアへと成長した。
   ・黒岩健一郎「プロモーション政策」黒岩健一郎・水越康介『マーケティングをつかむ』有斐閣，2012年，142頁。
9) 本ケースに関する記述や認識の誤謬については，すべて筆者に帰する。
10) 黄桜株式会社「黄桜・企業情報」会社概要
    http://www.kizakura.co.jp/ja/company/profile.html　（閲覧日：2014年4月26日）
11) 黄桜株式会社「黄桜ギャラリー」カッパミュージアム
    http://www.kizakura.co.jp/ja/gallery/museum　（閲覧日：2014年4月26日）
12) 黄桜株式会社「黄桜CM情報」なつかしのカッパCM
    http://kizakura.co.jp/ja/gallery/jidai/cm.html　（閲覧日：2014年4月26日）
13) 黄桜株式会社「黄桜ギャラリー」カッパカレンダー
    http://www.kizakura.co.jp/ja/gallery/calendar.html　（閲覧日：2014年4月26日）

第11章　丹後ちりめんの生成・発展とパブリシティ・CRM

第1節　プロモーション手段としてのパブリシティとCRM

　本章では，前章で述べた人的販売（personal selling），広告（advertising），販売促進（sales promotion），パブリシティ（publicity），PR（public relations）というプロモーション手段のほかに，CRM（customer relationship management）もその一つに加える。本節では，CRMとパブリシティによるプロモーションについて注目し，説明する。

1．パブリシティ

　パブリシティは，広告と同様にマスメディアを通じて行われる。第3節での事例の様に，展示発表会などのイベントを事前に主催者が報道機関に知らせることでニュース報道されるというパターンや，タレントの所持品またはドラマの一場面として登場するケースも多い。第三者によって公表されるため，客観性が保たれることから，事業体や商品に対して信頼度の高い宣伝効果を生じさせる。そのため，パブリシティは強力なプロモーションの武器である。ニュースやノンフィクション記事と誤認するような有償の広告は，パブリシティの効果をねらった「記事広告」，「パブリシティ広告」である。

2．プロモーション手段としてのCRMとは

　CRMの本来の意味は，情報システムを用いて顧客情報・購買履歴などを記録し，顧客に応じた対応によって良好な関係を築き，顧客満足度を向上させる管理をいう。その目的は顧客の特性に応じたプロモーションを通じて，製品・

サービスに関する情報やイメージが伝達され，顧客が商品やブランド，地域ブランドを認知し，その商品に対する望ましいイメージが形成されることによって，商品の市場品質[1]が向上することである。

このような（個別の）顧客管理によって，類似の属性をもつ顧客に，同時的にイベントの開催やキャンペーンなどに関する企業から顧客へのコミュニケーションが可能になる。同時に，こうしたイベントや「友の会」「後援会」などの活動は，顧客間のコミュニケーションも行われるようになる。本章では，プロモーション手段としてのCRMを，顧客同士が共通の愛好家として，その商品に対する信頼やイメージを高めあうような顧客間関係性を商品提供者がコントロールすることと定義する。

3. 関係性からみたCRMとPRの相違

CRMは，直訳すれば顧客関係性管理である。本来の意味での関係性（relationship）は，商品提供者と顧客との関係性を指し，その管理は，従来のプロモーションのいずれかの手段による企業の顧客応対である。本章では，プロモーション政策のなかで新たに加えるべき関係性は，顧客同士の関係性だと考える。この関係性の構築または管理は，顧客に応じた対応をするCRMの考えを援用したプロモーション手段としてのCRMによってされる。

例えば，友の会やイベントを通じて知り合った顧客同士が，対象となる商品の共通の愛好家として互いにその商品に対する信頼やイメージを高めあう相乗効果＝顧客同士の関係性を，商品提供者がコントロールすることがプロモーション手段としてのCRMである。

これに対してPRは，商品提供者が，その関係者と友好関係を維持することを目的とする。主として経理公開や自発的なリコール，奨学金制度，スポーツ大会支援など，商品自体のプロモーションではないコミュニケーション活動である[2]。PRは，パブリシティや広告，展示会や博覧会，PR誌や会社案内，有価証券報告書や株主総会，友の会などを通じて，会社紹介，経営・経理・資産公開，映画，文化事業，教育，教育助成，研究助成，義援金，スポーツ振興な

どによって行われ，事業体が主体的に関与し，そのほとんどが PR 活動の主体にとって有償である。

また，PR は活動の主体と顧客あるいは将来の顧客＝社会との友好な関係性を築く目的のコミュニケーションである点で，顧客同士のコミュニケーションによる効果を期待するプロモーション手段としての CRM とは異なる。さらに CRM におけるコミュニケーションの内容は，その商品に関する「意気投合」であるため具体的であるが，PR におけるコミュニケーションの内容は，商品を提供する個人や事業体の社会的イメージを高めるコミュニケーションであるため，CRM や広告とは異なり，対象商品に関して抽象的であったり，対象商品に触れない，あるいは無償の提供である場合が多い。

以下では，丹後ちりめんの生成の歴史，および丹後ちりめんブランドが丹後地域ブランドと結びつきながら発展してきた経過を概観し，「丹後」と「丹後ちりめん」についてのパブリシティの事例から，パブリシティの機会とパブリシティ政策について説明する。

第 2 節　丹後ちりめんの生成

1．なぜ丹後ちりめんか

丹後ちりめんは，経糸（たていと）に撚りのない生糸，緯糸（よこいと）に強い撚りをかけた生糸を交互に織り込んで生地にし，精練することで糸が収縮して緯糸の撚りが戻り，生地全面に細かい凸凹状のシボがでた織物のことを指す。ちりめんの代表的存在である丹後ちりめんは，このシボが最大の特徴である[3]。

丹後は日本海文化圏ともいえる地域である。また豊岡県より京都府に編入された地域である。したがって，現代の行政区分や江戸時代幕藩体制による地域的バイアスがより少ないため，純粋な形で京都文化の影響や京都に与えた影響が理解できる。パブリシティに関しても，「京都」という地域ブランドの影響が少なく，「丹後」という地域ブランドを「ちりめん」の産地として築き上げるという努力やその影響がみられる。

ただし,「ちりめん」は最終製品ではなく,無地の布地であり,「呉服」「風呂敷」「人形」の原料であるため,製造企業と最終消費者との直接的な関係性はなく,CRMは,後述するように,京文化をテーマとする飲食店（料理屋旅館），百貨店の「友の会」，丹後と丹後ちりめんについての「振興会」を中心としたイベントを通して行われている。

2. 丹後ちりめんの誕生
①丹後の絹の歴史

奈良時代の初めころ（713年），丹後の国が誕生した。丹後の国は，丹波の国の北部から分かれた加佐郡，与謝郡，丹波郡，竹野郡，熊野郡の五郡から構成される。丹後の国が誕生する2年前（711年）に，飛鳥時代に設けられた織部司（おりべのつかさ：律令制の大蔵省に設けられた機関）から錦（にしき：さまざまな色糸を用いて織り出された絹織物）・綾（あや：ななめに交差する織物［綾織り］，またこれによる単染色の紋織物）・羅（うすもの：絹で織った網のような薄物）の技術者である挑文師（あやとりのし）が，丹波を含む良糸を製出する21ヵ国に派遣され，指導を行った。翌年（712年）には各国から錦・綾や絁（あしぎぬ：糸が太くて粗い糸で織られた国産の平織り）が献上されたとある[4]。平安時代になって約百年後の905年，丹後は錦・綾・絹帛（けんぱく）の調貢を命ぜられており，挑文師派遣から200年，丹後はすでに絁を脱して全国でも有数の絹織物の産地となったことがうかがえる[5]。その発生は京や西陣よりはるかに古い。

『丹後織物工業組合六十年史』では，次のように説明されている。平安末期に新しい絹織物として精好織（せいごおり）が現われた。地質の厚い精美な平織で経緯（縦糸と横糸）ともに練絹糸を使用したものと，経が練糸で緯が生糸のものの二種があり，高級絹織物として公卿・上級武士・僧侶・神官など上層階級の衣服に用いられた。精好織はちりめんが登場するまでの丹後の代表的な織物[6]となった。

②ちりめんの伝来

室町時代の末期，11年間（1467-1477年）も続いた応仁の乱の後，堺などに

避難していた織人たちが京都に戻り，西陣の歴史がはじまる[7]。この時代，堺はすでに近畿における明との交易の中心地であると同時に，重要な機業地（工場制工業以前の織物産地）でもあった。その後，織田信長の時代が始まったころ（1573-1585年）に御朱印船（信長〜秀吉〜家康が公認の印章を捺した承認状：朱印状を有する貿易船）によって明から堺に次々と新しい織物が輸入され，そのなかに，ちりめんがあった。現在のちりめんの源流は，堺にいた明の織工が伝えた撚糸と組織によるものである[8]。

その後ちりめんは，堺と繋がりのある西陣から丹後へ伝えられた。江戸時代の前半，徳川吉宗のころ（1719年），峰山藩の絹屋佐平治（森田治郎兵衛）が，西陣の機屋に奉公して，ちりめんの製造法を見覚えて帰国して織ってみたが成功しなかった。その理由は，当時の西陣では他の地方の織物が発展することに不安を抱き，製織技法を極秘にしてその地位を守ろうとしたからである[9]。佐平治は同じ年の9月に再び西陣に出向き，新しく奉公したちりめん屋で，糸撚り車の仕掛けのある土蔵造りの密室へ忍び入り，暗闇の中で手探りに糸口の仕掛け，しぼの様子を確かめた。佐平治はその足で飛ぶように丹後へ帰り，年明け早々に組み立てた車で糸を撚って成功を確認した。翌年3月，丹後ちりめんは峰山藩において初めて織出された[10]。

宮津藩では，三河内村の山本屋佐兵衛と加悦町の手米屋小右衛門が，佐平治と同様に西陣の機屋に奉公した。2人が4年間の修業を終えてちりめん技術を加悦町に持ち帰ったのは，上記の峰山藩の2年後（1722年）であった[11]。このようにして，ちりめんの技術は，西陣から丹後，宮津に伝えられた。

3. ちりめんの普及

①丹後ちりめんの産地としての基盤形成

生産は，製品を流通させるチャネルと消費市場があってはじめて可能になる。峰山藩で織り始められた丹後ちりめんは，京問屋（絹屋佐平治が西陣奉公中に知り合った丹後屋源右衛門）が買い取り，市場を開拓していた[12]。1730年，西陣の東側の室町の呉服所を火元とする大火事が原因で絹製品はたちまち品不足に

なり，これにともない丹後では機織機が増え続け，丹後ちりめんの地域ブランドの基盤が築かれた[13]。

②戦後の復興と丹後織物工業組合の発展

第二次世界大戦さなかの1940年，日本の戦局は悪化していた。物資の不足，前線への物資供給の必要から贅沢禁止令[14]が同年7月7日に施行され，ちりめん市場は縮小した。1943年，兵器原料の不足から金属類回収令（昭和18年8月12日勅令第667号）が施行され，織機は6割減少した。丹後の織物産地は沈滞し，1945年の終戦を迎えた[15]。

戦後，政府は食糧輸入の見返り物資として，米国向けの輸出織物を増産する必要があった。1946年10月，蚕糸業復興五か年計画と繊維産業再建五か年計画が発表された。こうした影響よって丹後山地でも，終戦後間もない頃から繊維貿易公団から委託された見返り物資の製織を始めた。翌1947年8月，制限付き（翌年制限解除）民間貿易が再開された。丹後から米国に輸出されていたのは，フラットクレープ，デシンクレープなどの服地用クレープであった[16]。

GHQ[17]による統制令が撤廃されたことにともない，1947年3月，戦争中の統制組合を戦後の新法に従って解散し，商工協同組合法による「丹後織物工業協同組合」に改組した。地区的統合を廃止して，企業の自由な協同による組合組織となった。組合は1948年3月，機業設備の増設計画を骨子とする丹後機業五か年計画を策定し，丹後産地の復興を目指した[18]。この計画は，機業設備の二倍を超える増設計画である。計画最終年度では，米国の景気後退や政府の緊縮財政による中小企業の金融難などで当初計画の半分にも達しなかった[19]。しかし生産額は，1950年の朝鮮戦争勃発による特需で伸びた。

③戦後「着物」の復活

1948年夏，放出[20]された生糸1,000俵（一俵60キロ）をもとに各産地が技術保存のために製織された作品が，東京高島屋，京都大丸に飾られた。また絹の統制が撤廃された1949年9月，日本絹人絹織物同業会，内地向絹人絹織物商協会が，京都，大阪，東京，名古屋の主要四都市の百貨店で，全国絹人絹織物新作競技会を開催し，絹織物復活へのデモンストレーションを行った。

1952年に入って、茶羽織が人気を呼び、1953年には、縫取[21]ちりめんや絵羽織が人気を博し、とりわけ「銀河ちりめん[22]」がもてはやされた。しかし、戦前まで主流であった日常着や外出着は、戦後には気軽な洋服へと移行し、着物は改まった外出着や晴れ着、冠婚葬祭用のフォーマル・ウェアとしての側面が強くなった。つまり、伝統衣装のもつ日本古来の美しさへの憧れと、風俗習慣上の必要性から着用されたものの、絹の着物はあくまで贅沢品であった[23]。

第3節 丹後ちりめんのプロモーション

1. 丹後ちりめんのプロモーション活動の本格的展開

組合は、上記のような「和装復古の波」を定着、普及させるため、1953年4月27日の理事会で「丹後織物宣伝委員会規約」を制定し、新しく宣伝委員会を設けて、宣伝活動を本格化させた。その内容は、下記の通りである[24]。

表11-1 宣伝委員会発足前後のプロモーション活動

- 1949年11月まで(3か月) 丹後ちりめん宣伝即売会(組合主催):京都、大阪、東京、名古屋の各デパート 京都有力問屋多数出品   10月京都織物卸売協会主催、組合後援 京染丹後縮緬宣伝大会第一回大会
- 1952年6月 「丹後ちりめん小唄」作詞:時雨音羽、作曲:田村しげる、編曲:雲南一広、唄:松村美津江、社団法人日本フォークダンス連盟監修、京都府教育委員会選定
- 1953年 丹美会の結成:東京の主要取引業者四十数社で結成。「丹後織物の向上発達を助勢すると共に取引の円滑、販路の拡張を企図する」ことを目的とする。
10月20-21日 丹美会第一回宣伝大会 東京綿商会館で全国小売業者二千名を招待して開催。 戦後初のポスター(印刷一万枚):東宝人気女優有馬稲子をモデルに起用。衣裳は貫六一越ちりめん、新慶長模様の京友禅。在日米人から海外にわたるほどの人気。このポスターは、1954年同モデル若尾文子、1955年同モデル安西郷子、1956年同モデル司葉子、1957年同モデル白川由美、1958年同モデル桜町弘子と、その年のトップ女優によるポスターを制作。
丹後ちりめんの唄:「貴方まかせ」野村俊夫作詞、古賀政男作曲、神楽坂はん子 「ちりめんタンゴ」藤浦洸作詞、田村しげる作曲、唄島倉千代子、演奏コロンビアオーストラ→唄青木光一・奈良光枝でレコーディング 西崎緑振付で「貴方まかせ」の踊りを発表。朝日放送主催の「産業と観光民謡の旅」全国大会で披露。
- 1954年 名丹会の結成:名古屋の主要取引業者約25社の協力を得て「名丹会」を結成し、丹後ちりめんの宣伝販売   11月5-6日 第一回丹後縮緬宣伝大会

参加商社の各店舗で。以後毎年定期的に開催　北海道で初の丹宣：10月9日から25日までの17日間，今井百貨店の協力を得て札幌本店，室蘭，旭川，小樽の各支店で開催。
宝塚歌劇団とタイアップ：宝塚スターの丹後機業訪問記が雑誌『歌劇』に写真入りで掲載。NHKの人気番組「宝塚パレード」で，丹後機業を舞台にしたドラマ「機を織る女」が二回にわたって放送。これ以降も宝塚歌劇をはじめ，映画，演劇，ショーなどとタイアップ。

● 1955年　丹後ちりめん美人コンクール：縫取三十周年記念行事の一環として，産業経済新聞社（現サンケイ新聞社），新東宝，雑誌『明星』の後援の下に，「丹後ちりめん女王」を全国から募集。応募者総数一五〇〇名余り。予選審査をへて，九月三十日東京大手町サンケイホールで，作家田村泰次郎，女流画家柳田美代子，代議士前尾繁三郎，美容家山野愛子，産経主幹木下英二，新東宝撮影所長星野和平，同宣伝部長金員省三，明星専務本郷保雄の各氏の審査員により，最終審査を行った。準女王に選ばれた沖山真琴は後の女優桜町弘子。審査終了のあと，縫取ちりめんの着尺部門への進出を図るため，新東宝の女優十一名による「きものショー」を公開。

出所）丹後織物工業組合編『丹後織物工業組合六十年史』丹後織物工業組合，1981年，122-125頁。

2. 丹後ちりめんについてのパブリシティとCRM

　丹美会の結成と丹美会第一回宣伝大会，名丹会の結成と第一回丹後ちりめん宣伝大会，全国規模での卸売業者の組織化やそれらによる宣伝大会，丹後織物工業組合主催の丹後ちりめん宣伝即売会，「今井百貨店の協力を得て札幌本店，室蘭，旭川，小樽の各支店で」開催された京染丹後縮緬宣伝大会などの宣伝・即売イベントや，「その年のトップ女優による」ポスター制作，「丹後ちりめん小唄」の作詞・作曲の公表，丹後ちりめんの唄として「貴方まかせ」・「ちりめんタンゴ」の作詞・作曲の公表とレコーディング，「貴方まかせ」の踊りの発表（これがさらに朝日放送主催の「産業と観光民謡の旅」全国大会で披露），宝塚スターの丹後機業訪問記が雑誌『歌劇』に写真入りで掲載（パブリシティ広告と思われる），NHKの人気番組「宝塚パレード」で丹後機業を舞台にしたドラマ「機を織る女」放映（番組制作協力）など，あらゆるイベントをパブリシティの機会としている（表11-1下線部）。

　これらのイベントと丹後・丹後ちりめんに関するパブリシティが結びつき，パブリシティの源泉となっていることは，表11-2で明らかである。

第 11 章　丹後ちりめんの生成・発展とパブリシティ・CRM　139

　2012年1月から2014年4月までの27か月間に，丹後ちりめんに関するパブリシティは，新聞，雑誌，テレビ番組，ホームページを合わせて，筆者の発見だけでも73件あり，このうち，個展，作品展，アイデア発表，新作求評会，売場展示，ショー，PRなど「見せる」イベントの記事，祭，パレード祭など「お祭り」，交流フェア，かるたと劇，着付け体験，ひな人形手作り教室，フォトコンテスト，作り手・使い手交流フォーラムなど「参加」するイベントの記事，カレンダー制作，観光マップ制作などの制作に関する記事，丹後建国1300年PR大臣　いくよくるよさん就任という記事を加えると52件が丹後ちりめんに関係する「催し」であり，実に一か月あたり約2件のイベントを取材するという形でパブリシティが行われている。「参加」型のイベントへの参加者が丹後ちりめん愛好家であることを考えれば，「常連」さんと言われる人たち相互のコミュニケーションが，CRMを成立させていると考えられる。「レトロバスで丹後巡って　天橋立観光協 25日から伊根と与謝野でツアー」の実態を含めれば，平均してほぼ毎週何らかの丹後・丹後ちりめんに関連するイベントが行われていることになる[25]。

表11-2　丹後ちりめんに関するパブリシティ事例一覧

報道機関または雑誌名	発行年月日	番組名，雑誌社，記事の内容
京都新聞　両丹A	2012.01.11	ちりめんに書「調和」に美表現
京都新聞　両丹B	2012.02.08	丹後ちりめん伊でPR
京都新聞　両丹A	2012.04.10	網野・京丹後ちりめん祭
京都新聞　両丹B	2012.07.19	京丹後○古着のれんフォトコンテスト
京都新聞　両丹A	2012.08.16	丹後ちりめん かるたと劇に
京都新聞　両丹B	2012.09.12	丹後ちりめんの和柄 陶器に 作品展
北近畿経済新聞	2012.09.21	丹後ちりめんの製品考案アイデア発表
京都新聞　両丹B	2012.09.27	与謝野町尾藤家住宅 ちりめん企画展
京都新聞　本版 京都総合	2012.10.14	丹後ちりめん着物ショー
京都新聞　両丹A	2012.10.16	伝統染色技法 作品展「丹後辻ヶ花」
京都新聞　経済B	2012.10.17	「あこがれ」題材にショー
京都新聞　両丹B	2012.10.24	エンディング・ドレス展
京都新聞　経済B	2012.10.25	丹後ちりめん需要開拓 高島屋販売会
京都新聞　京都自治	2012.11.01	織物産地丹後知って 見本市
京都新聞　両丹B	2012.11.16	ちりめんの美 カレンダーに
京都新聞　両丹B	2012.12.01	絞り染めと書 コラボ　舞鶴で作品展
京都新聞　経済B	2012.12.14	丹後織物31社参加 新作求評会188点
京都新聞　本版プラス	2013.01.23	ちりめん振袖姿でPR『丹後踊り子隊』

報道機関または雑誌名	発行年月日	番組名，雑誌社，記事の内容
京都新聞　両丹A	2013.02.14	「裂き織り」宮津で展示
京都新聞　両丹A	2013.02.25	丹後ちりめん 加悦谷高生，着付け体験
京都新聞　本版市民A	2013.02.28	京滋の伝統織物 専門学校生がショー
京都新聞　地域京B	2013.03.10	服飾 作り手・使い手交流 フォーラム
京都新聞　両丹B	2013.03.14	丹後の魅力 着物体験や地酒試飲
京都新聞　両丹A	2013.03.22	北部の各小卒業式 丹後ちりめん着物
京都新聞　両丹A	2013.04.07	奈良時代の衣裳着よう丹後ちりめん祭
京都新聞　両丹B	2013.06.15	与謝名所4ヵ国語で紹介マップ作る
京都新聞　両丹A	2013.07.03	高齢者のアンテナショップ「和い輪い」「生きがいづくりに」
京都新聞　地域プラス	2013.07.10	丹後建国1300年PR 大臣いくよくるよさん就任
京都新聞　地域京B	2013.08.04	京小町踊り子隊 上下分割（着物）上京でお披露目
京都新聞	2013.08.13	レトロバスで丹後巡って 天橋立観光協25日から伊根と与謝野ツアー
京都新聞　地域プラス	2013.09.05	きもので初の男女交流
京都新聞　地元経済	2013.10.04	丹後の宝 阪急うめだ 食材や織物展示
京都新聞　両丹B	2013.10.04	ちりめん古布でパッチワーク 作品展
京都新聞　地元経済	2013.10.05	西陣織や清水焼 職人の技一堂に
京都新聞　地元経済	2013.10.11	「男の着物」丹後織物240点展示
日経新聞	2013.10.12	丹後ちりめん若手経営者 店頭販促
京都新聞　両丹A	2013.10.14	着物姿 ちりめん街道パレード
京都新聞	2013.10.24	髙島屋京都店などで織物展示会
京都新聞　両丹B	2013.11.02	峰山，ちりめん始祖慰霊祭
京都新聞　両丹A	2013.11.16	与謝野であす 和装古着など販売
京都新聞　両丹A	2013.11.22	着付けに男性挑戦 京丹後市きもの振興協議会
京都新聞　地元経済	2013.11.23	"京都産" がまぐち 丹後ちりめん
京都新聞　朝刊　18頁	2013.12.23	丹後きもの祭フォトコンテスト
京都新聞　両丹B	2014.01.07	与謝野 福知山で活躍の作家個展
京都新聞　北部	2014.01.30	ひな人形手作り教室 丹後ちりめん布
京都新聞	2014.02.01	女性起業家 交流フェア
京都新聞　両丹A	2014.03.01	「裂き織り」個性豊かに 宮津で展示
京都新聞　本版市民A	2014.03.09	まちかど 織物文化サロン
テレビ朝日　大改造!!ビフォーアフター	2014.03.09	大阪府高槻市の中西家を匠の安田憲二がリフォームした。職人が染め上げ，別の工場で裏打ちされた後ちりめんの生地を糊付けし店舗と住居の襖に貼り付けた。
体験カフェ千代椿（料理旅館 井筒屋館内）	2014.07.15 現在	一反無地染め体験プラン
阪急うめだギャラリー	2013.10.02 -10.07	海の京都・シルクの里「世界のTANGO TEXTILE」
毎日新聞　地方版（京都）	2014.03.13	「丹後に織物の歴史観を」龍谷大・北野講師，与謝野で講演／京都
京都新聞　夕刊	2014.03.13	祝いの場に和の装い キリスト教祭服 同大生考案
毎日新聞　丹後・1地方	2014.04.13	古着市にぎわう 京丹後ちりめん祭

出所）『京都新聞』，『北近畿経済新聞』，『日経新聞』，『毎日新聞』などより作成。

丹後織物工業組合総務部総務課長　安田智幸氏には，ご多用にもかかわらずヒアリングに応じて頂き，貴重な資料まで頂戴した。このご協力がなければ，本章が成立しなかった。末文であるが，紙面を借りて一言御礼申し上げたい。本章では，紙面の都合で，すべてを活かしきれていない。これを機会に「丹後ちりめん」を継続的に研究していく所存である。

注

1) 品質は，商品の価格以外の側面に対する消費者の評価であるから，使用時点における評価としての使用品質と，購買にいたる時点における評価としての市場品質がある。
2) 西田安慶『現代マーケティング論』弘文社，85頁。
3) 丹後織物工業組合ホームページ（http://www.tanko.or.jp/wfsection+article.articleid+1.htm，2014年3月17日現在）
4) 丹後織物工業組合編『丹後織物工業組合六十年史』丹後織物工業組合，1981年，2頁。（　）内は片上。
5) 同上書，3頁。（　）内は片上。
6) 同上。（　）内は片上。
7) 丹後織物工業組合編，前掲書，3頁。
8) 同書，3-4頁。（　）内は片上。
9) 同書，5頁。
10) 同書，6頁。
11) 同書，7頁。
12) 同上。
13) 同書，8頁。
14) 七・七贅沢禁止令：奢侈品等製造販売制限規則（昭和十五年七月六日商工農林省令第二号，商工省告示第三百四十号，商工省告示第三百四十一号）（1940年）
15)「戦時中軍事工場へ転換していた組合の共同施設は無傷の状態で残った」。しかし機業力は，「資料によれば，昭和二十年十二月末現在で，組合員は織物製造会社三七，織物施設組合一，撚糸加工会社一，撚糸施設組合一，糸染加工会社一，糸染施設組合一の計四二，従業員は男四九五名，女二，七六一，生産設備は力織機六，二七六台（広巾三，二〇〇台，小巾三〇七六台），足踏機一四台，手機一五七台の総計六，四四七台であった。また，この年の生産数量目は約五六〇トン足らずで全盛期の六分の一，翌二十一年には約三百四十トンとさらに四十％ほどダウンした。終戦直後の繊維事情を考慮に入れたとしても，容易に立ち直れないほど戦争の傷跡は深かったのである」（丹後織物工業組合編，前掲書，91頁）。

16) 丹後織物工業組合編，前掲書，92頁。
17) GHQ (General Headquarters)：連合国軍最高司令官総司令部。
18) 丹後織物工業組合編，前掲書，94-95頁。
19) 同書，95頁。
20) 第5回国会経済安定委員会（1949年4月7日）の議事録によれば，経済を統制することを当然とする考え方と開放すべきとする考え方が錯綜し，政府が備蓄していた生糸を昭和23年になって放出した経緯が理解できる。
21) 縫取は，織物に別糸で文様を縫い表現すること。文様をあらわす彩糸（いろいと）＝緯糸が文様に必要な部分だけ往復し，経糸に絡まずに浮き出る。
22) 加悦町与謝の谷口吉之助が考案。（丹後織物工業組合編，前掲書，121頁。）
23) 丹後織物工業組合編，前掲書，121頁。
24) 同書，127頁。（　）内は片上。
25) しかし，丹後織物工業組合によれば，丹後ちりめんは染める以前の「生地」であり，最終消費者や「友の会」との直接のつながりはなく，プロモーションとしてのCRMに関しては把握していない。

索　引

ア行

IMC（Integrated Marketing Communication）	122
アイデンティティ	14, 16, 21
一見さんお断り	19
1段階チャネル	104
イノベーション	26
演出	63
OOH（out of home）	122
おもてなし	13, 16, 18
お客様相談室	106

カ行

解釈	86
外的参照価格	86
開放的チャネル政策	100
買回品	39
カスタマイゼーション	62
感覚記憶	86
感覚的経験価値	65
関係性	132
関係的経験価値	66
慣習価格	78
間接流通	99, 114
関連製品	50
記憶	86
企業ブランド	15
既存製品	50
期待された市場価格	89
機能的陳腐化	44
業界標準価格	76
狭義の販売促進	125
競合企業	52
競争に基づいた価格設定	75
京ものブランド	13, 21
京都ブランド	14, 16
京都ブランドフォーラム	20
京都ブランド商標推進協議会	20
京都ブランド推進連絡協議	19
京都創造者大賞	20
京野菜	14
金属類回収令	136
クロス・メディア	128
計画的陳腐化戦略	43
経験	61
経験価値	62
経験価値マーケティング	65
経験経済	61
経済価値	62
形式的排除	114
系列化	113
交換価値	66
広告	123

行動的経験価値	66	商業者	115
広報活動	124	商業排除	114
顧客関係性管理	132	情緒的経験価値	65
コスト・プラス方式	74	消費財	39
コストに基づいた価格設定	74	消費者行動研究	71
固定費	74	消費者心理	78
呉服	81	消費者ニーズ	49
コミュニケーション	119	商標	26
コミュニケーション・プロセス	120	商標法	26
コモディティ（化）	62,63	人的販売	125
コンタクト・ポイント	122	心理的陳腐化	44
		生産財	39
		贅沢禁止令	136
サ行		製品	37
		製品改良	49
察する	19	製品差別化戦略	43
サービス	39	製品戦略	50
差別的優位性	52	製品特性	101
参照価格	85	製品の3層モデル	38
参照価格の形成	86	製品ライフ・サイクル	49
3段階チャネル	104	セールス・プロモーション（sales promotion）	125
CRM	131	0段階チャネル	103
ジェネリックブランド	40	選択的チャネル政策	100
シグナル	93	専売的チャネル政策	100
市場特性	101	専門品	39
自社特性	103	創造的・認知的経験価値	65
実質的排除	114	総顧客価値	76
実勢価格に従う価格設定	76	損益分岐点方式	75
実売価格	85		
老舗	25		
老舗ブランド	25	**タ行**	
シボ	133		
社会的な売買の集中	111,113	耐久財	38
需要	49	体験消費	17
需要に基づいた価格設定	77		

索引 145

代替製品	49
妥協効果	90
短期記憶	86
丹後ちりめん	133
地域ブランド	16, 133
知覚価値に基づいた価格設定	77
長期記憶	86
直接流通	99, 113
直送	105
デュアル流通	104
伝統的建造物群保存地区制度	20
等級	26
特需	136
都市ブランド	14, 15
取引効用	85

ナ行

内的参照価格	87
ナショナルブランド (NB)	40
肉体的経験価値	66
西陣	135
2段階チャネル	104
日本文化	13
入札による価格設定	77
のれん	25
のれん代	25

ハ行

端数価格	78
バックグラウンド効果	90
パブリシティ（publicity）	124, 131
パブリシティ広告	131
販売代理機関	113
PR	123, 132
非耐久財	38
非探索品	39
評価価格	85
表現基準	93
品種	26
プッシュ戦略	127
物理的陳腐化	44
プライス・リーダー	76
プライベートブランド (PB)	40
ブランディング	26
ブランド	26
ブランド・ロイヤルティ	26
ブランド価値	25
ブランド要素	26
プル戦略	127
プレイス	97
プロモーション・ミックス	126
プロモーションとしてのCRM	132
文脈効果	90
閉鎖的流通	115
変動費	74

マ行

マーク・アップ方式	74
マーケット・セグメンテーション	32
マーケティング・コミュニケーション	121
マーケティング・チャネル	97
マーケティング・ミックス	73
マス・メディア	122
見返り物資	136

魅力効果	90		
無形資産	29	**ラ行**	
銘柄	26		
名声価格	78	ラグジュアリー・ブランド	28
最寄品	39	利益期待値	77
		流通業者	115

ヤ行

用途開拓	49

執筆者紹介 (執筆順。なお＊は編者)

岡山武史（おかやま たけし）：第 1 章執筆
　近畿大学経営学部専任講師

伊部泰弘（いべ やすひろ）：第 2 章執筆
　新潟経営大学経営情報学部教授

杉浦礼子（すぎうら れいこ）：第 3 章執筆
　高田短期大学キャリア育成学科教授

今光俊介（いまみつ しゅんすけ）：第 4 章執筆
　鈴鹿国際大学国際人間科学部准教授

岡田一範（おかだ かずのり）：第 4 章執筆
　高田短期大学キャリア育成学科助教

金澤敦史（かなざわ あつし）：第 5 章執筆
　鈴鹿国際大学国際人間科学部非常勤講師

成田景堯＊（なりた ひろあき）：第 6 章・第 7 章執筆
　千葉県立農業大学校農学科非常勤講師

菊池一夫（きくち かずお）：第 8 章執筆
　明治大学商学部教授

松井温文（まつい あつふみ）：第 9 章執筆
　追手門学院大学経営学部専任講師

河内俊樹（かわうち としき）：第 10 章執筆
　松山大学経営学部准教授

片上　洋（かたかみ ひろし）：第 11 章執筆
　新潟経営大学経営情報学部教授

編者紹介

成田景堯（なりた ひろあき）
　千葉県立農業大学校非常勤講師
　[専攻] マーケティング論，流通論，小売経営論
　1976年生まれ
　2014年明治大学大学院商学研究科博士後期課程単位取得後退学
　日本マクドナルド株式会社，明治大学商学部助手を経て，2013年より現職

京都に学ぶマーケティング

2014年9月15日　第1刷発行

編著者：成田景堯
発行者：長谷 雅春
発行所：株式会社五絃舎
　　　　〒173-0025　東京都板橋区熊野町46-7-402
　　　　Tel & Fax：03-3957-5587
　　　　　　e-mail：h2-c-msa@db3.so-net.ne.jp
組　版：Office Five Strings
印　刷：モリモト印刷
ISBN978-4-86434-039-7

Printed in Japan　　ⓒ検印省略　2014